BURKHARD HEIDENBERGER

BLÜTEZEITEN

Blütezeiten

BURKHARD HEIDENBERGER

HERDER

FREIBURG · BASEL · WIEN

Blütezeiten

Impulse für Entspannung & Lebensfreude

Es sind die „Blütezeiten" in unserem Leben, die es so sehr bereichern. Zeiten, die wir noch vor uns haben oder die uns ein Lächeln ins Gesicht zaubern, wenn wir an sie zurückdenken. Erfüllende Lebensabschnitte, in denen Entspannung, Leichtigkeit und Lebensfreude vorherrschen und die sich oft erst nach einer längeren, unsteten Wachstumsphase einstellen.

Kommen Entspannung und Lebensfreude uns abhanden, können wir selbst dazu beitragen, sie wiederzuerlangen. Mit diesem Büchlein möchte ich Ihnen einen bunten Strauß an Impulsen überreichen. Ich würde mich freuen, wenn Sie daraus die eine oder andere fruchtbare Erfahrung gewinnen – und sollte es nur aus einer einzigen Anregung sein, die Sie in die Tat umsetzen. Vielleicht ist auch ein Gedanke dabei, der länger in Ihnen nachwirkt und Ihnen einen neuen Blickwinkel eröffnet.

Das Buch als Ihr Wegbegleiter

Dieses Büchlein will Ihnen ein Wegbegleiter sein und gleichsam als Nachschlagewerk dienen. Sie finden darin, mit Blick auf die unterschiedlichsten Lebenssituationen, Impulse zu diesen Themen:

Überwiegt derzeit in Ihrem Leben die Anspannung, erhalten Sie beispielsweise unter „Entspannung und Gelassenheit" Vorschläge, um dieser entgegenzuwirken. Markieren Sie die Anregungen und Ideen, die Ihnen zusagen und persönlich am wichtigsten erscheinen, an den entsprechenden Kreissymbolen, bevor Sie an ihre Umsetzung gehen.

Wahrscheinlich erinnern Sie sich noch an wunderbare Geschichten, denen Sie früher einmal gespannt gelauscht oder die Sie mit Begeisterung gelesen haben, auch wenn in der Zwischenzeit bereits viele Jahre vergangen sind. Denn Geschichten können uns beflügeln, indem sie uns Parallelen zum eigenen Leben erkennen lassen. Sie berühren und hinterlassen häufig prägende Eindrücke in Hirn und Herz.

Deshalb finden Sie im Buch neben Blütezeiten-Impulsen auch inspirierende Kurzgeschichten. Selbst wenn Sie die eine oder andere bereits kennen, erfahren Sie diese womöglich gerade in Ihrer aktuellen Lebenslage auf ganz neue Weise und gewinnen aus ihr hilfreiche Erkenntnisse.

Haben Sie als Kind Gutenachtgeschichten vorgelesen bekommen und sind danach mit einem Gefühl des Geborgenseins friedlich eingeschlummert? Vielleicht wollen Sie ein ähnliches Wohlfühl-

Ritual etablieren: das Buch vor dem Zubettgehen zur Hand nehmen, darin schmökern, mit einer Geschichte den Tag reflektieren und in Ruhe ausklingen lassen.

Oder Sie schlagen es morgens auf und wählen daraus ein Zitat oder einen Spruch als eine Art Kompass – als Leitmotto, an dem Sie sich während des Tages orientieren.

Stehen Sie gerade vor einer schwierigen Herausforderung, dann werfen Sie einen Blick ins Buch. Die Belastung wird sich dadurch zwar nicht in Luft auflösen, aber Sie können zu neuen Perspektiven, mehr Klarheit und Zuversicht gelangen.

Entdecken Sie über die Impulse und Geschichten Ihre ganz persönliche kleine Schatztruhe, die Sie bei Bedarf jederzeit hervorholen können. Lassen Sie sich berühren, inspirieren und motivieren. Gönnen Sie sich mit diesem Büchlein regelmäßig Momente der Entspannung, des Wohlfühlens und des Krafttankens.

Herzlichst
Ihr

Burkhard

Burkhard Heidenberger

Glücksmomente & Dankbarkeit

- Welche Glücksmomente hatten Sie in der vergangenen Woche?
- Wann haben Sie das letzte Mal von Herzen gelacht?
- Wofür sind Sie besonders dankbar?

Glück hat viele Facetten. Oft sind es überwältigende, aber manchmal auch vermeintlich unscheinbare Augenblicke, die einen Tag trotz Widrigkeiten zu einem guten machen: ein entzückendes Lächeln, ein freundliches Wort, ein wohltuendes Lob, ein zartes Blümlein am Wegesrand, ein farbenfroher Schmetterling, ein wärmendes Alles-wird-gut-Gericht, ein staunender Blick in den Sternenhimmel mit dem Bewusstsein für die unbegreifliche Weite des Kosmos, die Begegnung mit einem lieben Menschen, ein interessantes Gespräch.

Kleine Ereignisse, die länger nachhallen und unser Leben anreichern. Momente, in denen wir uns beschenkt, unbeschwert und völlig entspannt fühlen.

Begegnen wir ihnen mit Dankbarkeit, richtet sich unser Blick auf die Fülle in unserem Leben und nicht auf den Mangel.

Die positive Wirkkraft des Dankbarseins auf die psychische und physische Gesundheit wurde bereits in wissenschaftlichen Untersuchungen nachgewiesen:

Dankbarkeit …
- fördert eine optimistische Grundhaltung, das Wohlbefinden, die Vitalität und Lebensfreude
- wirkt sich vorteilhaft auf die Herzgesundheit aus
- steigert die Stressresistenz
- kann die Therapie von Angststörungen und Depressionen günstig beeinflussen
- stärkt die Verbundenheit und Beziehung zu Mitmenschen
- beugt (Ein-)Schlafstörungen vor und fördert einen erholsamen, tiefen Schlaf

Es liegt in unserer Hand, inwieweit wir Momente der Dankbarkeit erfahren, in unser Leben lassen und unsere Tage dadurch aufwerten. Das gelingt uns, indem wir achtsam auf das Schöne und Gute blicken – wie der Bauer in der folgenden Geschichte:

Die Glücksbohnen

Es war einmal ein Bauer, der steckte jeden Morgen eine Handvoll Bohnen in seine linke Hosentasche. Immer, wenn er während des Tages etwas Schönes erlebte, wenn ihm etwas Freude bereitete, er einen Glücksmoment empfunden hatte – etwas, wofür er dankbar war –, nahm er eine Bohne aus der linken Hosentasche und gab sie in die rechte.

Am Anfang kam das nicht häufig vor. Aber von Tag zu Tag wurden es mehr Bohnen, die von der linken in die rechte Hosentasche wanderten. Der Duft der frischen Morgenluft, der Gesang der Amsel auf dem Dachfirst, das Lachen seiner Kinder, das nette Gespräch mit einem Nachbarn – immer dann kam eine Bohne von der linken auf die rechte Seite.

Bevor er am Abend zu Bett ging, betrachtete er die Bohnen in seiner rechten Hosentasche. Bei jeder Bohne konnte er sich an ein schönes Erlebnis erinnern. Dann schlief er zufrieden und glücklich ein – auch an den Tagen, an denen er nur eine einzige Bohne in seiner rechten Hosentasche fand.

„Ich kann nicht lange bleiben",
flüstert der Glücksmoment.
„Aber ich lege dir eine
Erinnerung in dein Herz."

Blütezeiten-Impulse:

Laden Sie Glücksmomente ein, damit sie vorbeischauen und eine Erinnerung in Ihrem Herzen hinterlassen:

○ Wollen Sie es dem Bauern aus der Geschichte gleichtun?

Es müssen nicht Bohnen sein. Knöpfe, Reiskörner, Kaffeebohnen, Haselnüsse, kleine Muscheln etc. tun es ebenso. Damit erhalten Sie sich einen wachsamen Blick für das Schöne und Positive in Ihrem Leben. Auf die kleinen Glücksmomente, für die Sie dankbar sind und die Sie sonst vielleicht übersehen. Probieren Sie diese Form des Glücksmomente-Sammelns für mindestens eine Woche aus. Sie werden rückblickend feststellen, dass Sie diese Tage als erfüllender erlebt haben.

○ Wo Liebe ist, ist auch das Glück nicht weit. Dazu ein Geschenktipp: Verschenken Sie an liebe Menschen ein hübsches Säckchen, gefüllt mit Bohnen. Legen Sie die handgeschriebene Geschichte bei, ergänzt mit persönlichen Worten und dem Wunsch für „täglich viele bezaubernde Glücksmomente".

Eine weitere Möglichkeit, mit der Sie feststellen, dass es doch reichlich Großartiges und Gutes in Ihrem Leben gibt:

Wenn Sie abends im Bett liegen, zählen Sie in Gedanken mindestens fünf Dinge oder Vorkommnisse auf, für die Sie an diesem Tag dankbar sind. Wem immer Sie dafür danken – das bleibt Ihnen überlassen.

Diese Anzahl ist bewusst gewählt, denn eine einzelne Begebenheit zu benennen, fällt nicht sonderlich schwer. Eine zweite ebenso nicht. Für weitere ist schon mehr Denkkraft erforderlich, und das ist gut. Denn hierdurch werden Sie sich auf Kleinigkeiten besinnen, die sich oft erst auf den zweiten Blick als wertvoll und dankenswert erweisen.

Ein feiner Nebeneffekt dieser Übung:

Dadurch, dass Sie am Abend über positiv Erlebtes reflektieren, ändert sich in den nächsten Tagen Ihr Fokus. Sie werden viel mehr auf Dinge „zoomen", für die Sie dankbar sind. Einfach deshalb, weil Sie im Hinterkopf haben, abends wieder fünf davon aufzählen zu müssen.

○ Wie wäre es mit einem Dankbarkeitstagebuch? Legen Sie bei der Auswahl Wert auf eines, das Sie anspricht, sich gut anfühlt und das Sie gerne in die Hand nehmen. Schreiben Sie darin Dinge auf gemäß der DFZ-Formel: Dinge, für die Sie aktuell oder generell Dankbarkeit, Freude und Zufriedenheit empfinden. Das dauert keine fünf Minuten und bewirkt doch so viel.

○ Oder Sie notieren Dankenswertes stichwortartig in Ihrem Tageskalender. Für die digitale Variante gibt es Apps, mit denen Sie ein Dankbarkeitstagebuch auf Ihrem Smartphone führen können.

Lebensfreude & Genuss

- Wann verspüren Sie pure Lebenslust?
- Worüber haben Sie sich das letzte Mal unheimlich gefreut?
- Überwiegen in Ihnen aktuell die guten oder eher die schlechten Gefühle?

Wir empfinden Lebensfreude, wenn wir in unserem Tun aufgehen, froh gelaunt, energiegeladen und dankbar sind. Dadurch strahlen wir ein anhaltend positives Gefühl aus, das von anderen als anziehend wahrgenommen wird.

Lebensfreude kann sich in Ereignissen oder Umständen manifestieren, die uns über einen längeren Zeitraum das Gefühl einer tiefen Zufriedenheit und des Angekommenseins schenken: ein toller Beruf, eine harmonische Partnerschaft, die Geburt eines Kindes oder ein erreichtes Ziel. Auch besondere Momente lassen in uns wahre Lebensfreude aufkommen: gut Gelungenes, selbst Geschaffenes, die Umarmung eines lieben Menschen, das Erblicken von etwas Schönem und Herzerwärmendem.

Ebenso nährt das bewusste Genießen die Lebenslust. Denn Genuss ist verbunden mit körperlichem oder geistigem Wohlbehagen. Deshalb sollten wir uns zu regelmäßigen Genussmomenten entschließen. Schon Eduard von Bauernfeld – ein Schriftsteller, der im 19. Jh. in Wien lebte – war überzeugt:

„Es braucht zu allem ein Entschließen, selbst zum Genießen."

Allein mit dem Entschluss ist es jedoch nicht getan. Genuss erfordert Zeit. Wenn wir uns eilig an einen geschmackvoll gedeckten Tisch voller Köstlichkeiten setzen und uns nur fünf Minuten gönnen, keimt sicherlich kein prickelnder Genussmoment auf.

Nebenbei genießen funktioniert nicht. Um beim Beispiel zu bleiben: Lesen wir während des Essens Zeitung oder lassen den Fernseher laufen, dann wird die intensive Sinneswahrnehmung der Gaumenfreuden eingeschränkt.

Wir haben es größtenteils selbst in der Hand, inwieweit Lebensfreude und Genuss in unserem Alltag Platz finden.

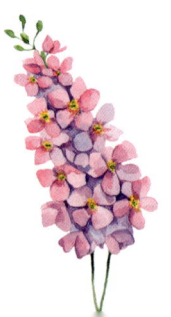

Der schwarze Punkt

Eines Tages kam die Professorin in die Klasse und kündigte einen Test an. Sie verteilte das Aufgabenblatt wie üblich mit der beschrifteten Seite nach unten. Dann rief sie ihre Studenten auf, das Blatt umzudrehen und zu beginnen. Zur Überraschung aller standen auf dem Zettel aber keine Fragen – zu sehen war nur ein schwarzer Punkt auf der Mitte des weißen Papiers.

Nun forderte die Professorin die Hochschüler auf: „Notiert bitte, was ihr auf dem Blatt seht!" Die Studenten waren irritiert, nahmen die Aufgabe aber in Angriff.

Am Ende der Stunde sammelte die Professorin alle Blätter ein und schaute sich die Antworten an. Diese begann sie dann laut vorzulesen. Die Studenten hatten ausnahmslos den schwarzen Punkt beschrieben: seine Position in der Mitte des Blattes, seine Lage im Raum, das Größenverhältnis zur Seite etc.

Die Professorin lächelte und erklärte: „Ich wollte euch eine Aufgabe zum Nachdenken geben. Niemand von euch hat etwas über den weißen Teil des Blattes geschrieben. Jeder konzentrierte sich auf den schwarzen Punkt – und das Gleiche geschieht häufig in unserem Leben. Wir haben ein weißes Papier erhalten, um es zu nutzen und zu gestalten, aber wir fokussieren uns auf die dunklen Flecken. Nehmt die dunklen, schwarzen Punkte wahr, doch richtet eure Aufmerksamkeit in erster Linie auf das helle, weiße Papier. Erst dadurch werdet ihr euch der Möglichkeiten in eurem Leben bewusst. Teilt die freudigen Momente, das Helle in eurem Leben, auch mit anderen Menschen!"

„Leben ist nicht genug", sagte der Schmetterling. „Sonnenschein, Freiheit und eine kleine Blume gehören auch dazu."

HANS CHRISTIAN ANDERSEN

Blütezeiten-Impulse:

Damit es Ihnen gelingt, Ihre Aufmerksamkeit mehr auf das „weiße Blatt" zu richten, hier einige Vorschläge:

○ Widerfährt Ihnen Gutes oder erblicken Sie Schönes, halten Sie kurz inne und sagen Sie sich: „Das ist ein großartiger Moment." Es muss sich dabei nicht um Außergewöhnliches oder Spektakuläres handeln. Die Lebensfreude-Samen offenbaren sich oft im Unscheinbaren, und meist erst dann, wenn Sie einen zweiten Blick wagen.

○ Begeben Sie sich an einen öffentlichen Ort, an dem viele Menschen sind. Suchen Sie sich ein lauschiges Plätzchen und beobachten Sie die Leute. Fokussieren Sie sich auf die lebensfrohen, entspannten Gesichter, auf hinreißendes Lachen, liebe Gesten, Mitgefühl und Leichtigkeit. Beobachten Sie eine Weile diese Herzlichkeit, überträgt sich die Lebensfreude und Entspannung auch auf Sie.

○ Stellen Sie sich eine Lebensfreude-Playlist zusammen. Mit Musik, die Sie beim Hören in glänzende Laune versetzt und

einfach leben

Ein Brief von Anselm Grün

✓ **Ja,** schicken Sie mir bitte die nächsten zwei Ausgaben des *einfach leben*-Briefes gratis zu.
Falls *einfach leben* mir zusagt und ich Ihnen innerhalb von zwei Wochen nach Erhalt der zweiten
Ausgabe keine gegenteilige Mitteilung mache, erhalte ich *einfach leben* regelmäßig zum Preis von
€ 52,80 im Jahr für 12 Ausgaben inklusive zwei Themenheften zzgl. € 10,20 Versand [D].

Dabei gehe ich kein Risiko ein, denn ich kann den Bezug jederzeit mit sofortiger Wirkung beenden.
Eine kurze Mitteilung genügt. Das Geld für noch nicht gelieferte Ausgaben erhalte ich dann zurück.

Vor- und Zuname

Straße

PLZ / Ort

E-Mail

Telefon

X

Datum

Unterschrift

LE-B2101BB

**Bestellmöglichkeiten und weitere
Informationen finden Sie auch unter:**

Tel.: +49 (0)761 / 2717 - 200

Fax: +49 (0)761 / 2717 - 222

kundenservice@herder.de

www.einfachlebenbrief.de

Deutsche Post 🦅
ANTWORT

**Redaktion einfach leben
Marie Hofer
79080 Freiburg**

Das Porto
übernehmen
wir für Sie

in Ihnen die Lebensgeister weckt. Wenn Sie dabei noch laut mitsingen und flott tanzen, und das regelmäßig, zahlt dies alles auf Ihr Lebensfreudekonto ein.

Lachen und lächeln Sie. So häufig wie möglich. Denn dabei drückt der Gesichtsmuskel zwischen Wange und Auge genau auf jenen Nerv, der unserem Gehirn eine heitere Stimmung signalisiert.

Deshalb: Unabhängig davon, ob es einen Grund zu lächeln gibt – auch ein gekünsteltes Lächeln (mind. eine Minute) hat eine positive Wirkung. Es mag seltsam anmuten, eine Minute lang zu grinsen. Sie werden aber feststellen, dass sich Ihre Laune dadurch hebt. Sie entspannen und lassen für einen Augenblick Ihre Sorgen los.

Grinsen – aber wo? Beispielsweise morgens im Bett vor dem Aufstehen, abends vor dem Einschlafen, vor dem Badezimmerspiegel, auf der Toilette, unter der Dusche, im Auto bei der Fahrt zur Arbeit … Denken Sie an die Grinsekatze!

Jeder von uns hat hin und wieder einen schlechten Tag, an dem die negativen Gefühle überwiegen. Das bedeutet aber noch lange nicht, dass solche Tage die Lebensfreude lang anhaltend einschränken müssen. Ob Sie verärgert, wütend, frustriert oder genervt sind – akzeptieren Sie diese Emotionen, lassen Sie sie zu. Denn sie sind wichtig, um schlechte Vorkommnisse besser verarbeiten zu können. Gefühle kommen und gehen. Bereits am nächsten Tag kann erneut die Lebensfreude-Sonne aufgehen und strahlen.

- Verbringen Sie mehr Zeit mit allem, was Ihnen guttut – mit Tätigkeiten, die Ihnen Freude bereiten, oder mit Menschen, die Ihnen wohlgesonnen sind.

- Zu jenen, die Ihren Seelenfrieden beeinträchtigen, sollten Sie möglichst Abstand nehmen. Also nicht einfach aushalten, sondern weniger zulassen, was Sie belastet.

- Ein effektiver Stimmungsaufheller für zwischendurch: Sicher kennen Sie Personen oder haben Freunde mit einem sonnigen Gemüt, die scheinbar die gute Laune gepachtet haben. Wer fällt Ihnen dazu spontan ein? Handy rausnehmen, Treffen vereinbaren oder nur am Telefon plaudern. Denn fröhliche Stimmung steckt an.

○ Wie wäre es mit einer Genussbox? Schreiben Sie auf kleine Notizzettel Dinge, die für Sie Genussmomente darstellen, z. B. mit den Lieben vergnügt essen gehen, ein Entspannungsbad, ein gemütlicher Abendspaziergang mit einem lieben Menschen. Geben Sie die gefalteten Zettelchen in ein schönes Gefäß. Kommen Sie nach einem stressigen Arbeitstag nach Hause, greifen Sie nach einem Genusszettelchen und genießen Sie ein kleines Fest der Sinne. Sie können auch mit Ihrem Partner bzw. Ihrer Partnerin darin Genussideen sammeln, die beiden zugutekommen.

Trost & Hoffnung

- Bei wem würden Sie zuerst Trost und Halt suchen, wenn Ihre Welt zusammenbricht?
- Welches belastende Ereignis hat Sie erst auf einen bereichernden Weg gebracht, den Sie sonst niemals eingeschlagen hätten?
- Aus welcher Lebenskrise sind Sie gestärkt hervorgetreten?

Warten, bis der Sturm vorüberzieht

Trost und Hoffnung wirken wie ein flauschiger, wärmender Mantel, in den wir bei Sturm und eisiger Kälte hineinschlüpfen können.

Wir alle – ohne Ausnahme – machen in unserem Leben beschwerliche Abschnitte oder handfeste Krisen durch. Entspannung und Lebensfreude scheinen für immer verloren. Wir fühlen uns wie auf einem Schiff ohne Anker, Ohnmacht und Hoffnungslosigkeit machen sich breit. Ausgelöst werden solche Krisen oftmals durch einschneidende Ereignisse, auf die wir selbst keinen oder kaum Einfluss nehmen können, Vorfälle, die uns im wahrsten Sinne des Wortes den Boden unter den Füßen wegziehen und uns tief erschüttern. Das können etwa der Verlust eines geliebten Menschen sein, die niederschmetternde Diagnose einer schweren Krankheit bei sich oder einer Person im unmittelbaren Umfeld, Entbehrungen und Niederlagen wie der Verlust des Arbeitsplatzes, das Ende einer Beziehung, die negativen Folgen der Coronapandemie und andere Rückschläge.

Da kann es schon passieren, dass der eine oder die andere den Lebensmut verliert. Dann braucht es Menschen, die uns nicht fallen lassen, die für uns da sind, die uns wie ein Sicherheitsnetz auffangen und vor einem tiefen Sturz bewahren.

Zudem kann es helfen, die herausfordernde Realität bzw. das Geschehene zu akzeptieren und nicht zu verdrängen. Dadurch gelingt es uns leichter, Verantwortung dafür zu übernehmen, wie wir mit dem Unglück umgehen und weiterleben.

Auch kann in Phasen der Haltlosigkeit und Verunsicherung der Blick auf „Vorbilder" Kraft schenken, auf Menschen, die sich trotz prekärer Umstände nicht unterkriegen ließen, die uns zeigen, dass man dennoch Schönes, Erfüllendes erfahren oder Außergewöhnliches schaffen kann. Eine solch faszinierende Persönlichkeit ist für mich Stephen Hawking. Fast sein ganzes Leben bestand mehr oder weniger aus einer einzigen Krise. Mit 21 Jahren wurde bei ihm die unheilbare neurologische Krankheit ALS diagnostiziert, verbunden mit einer fortschreitenden Muskellähmung, die ihn schließlich an den Rollstuhl fesselte. Fast vollständig gelähmt verlor er zudem seine Sprachfähigkeit. Und doch hat er nie kapituliert, sondern im Gegenteil: Er hat Menschen Mut zugesprochen:

> *„Es ist wichtig, dass ihr nie aufgebt. Denkt daran, in die Sterne zu sehen – und nicht auf eure Füße."*

Hawking war als lebensbejahender und humorvoller Mensch bekannt. Mit 76 Jahren verstarb er als mehrfacher Vater, Großvater und als einer der berühmtesten Astrophysiker unserer Zeit.

Wenn die Zeiten schwierig sind

Die russische Autorin Elena Mikhalkova schreibt:

Meine Großmutter hat mir mal diesen Tipp gegeben:
Wenn die Zeiten schwierig sind, gehe in kleinen Schritten weiter.
Tu, was du tun musst, aber tu es langsam.
Denk nicht an die Zukunft oder an das, was morgen
passieren könnte.
Reinige das Geschirr.
Wisch Staub.
Schreib einen Brief.
Koch eine Suppe.
Siehst du?
Du kommst vorwärts, Schritt für Schritt.
Mach einen Schritt und dann eine Pause.
Ruh dich aus.
Schätze dich selbst.
Mach den nächsten Schritt.
Dann noch einen.
Du wirst es kaum bemerken, aber die Zahl deiner Schritte
wächst.
Und die Zeit wird kommen, in der du wieder an die Zukunft
denken kannst, ohne zu weinen.

» »

Du kannst den Sturm nicht
beruhigen. Du kannst versuchen,
selbst ruhig zu bleiben.
Warte, bis er vorüberzieht,
denn nach jedem Sturm
folgen wieder sonnige Zeiten.

Blütezeiten-Impulse:

Die folgenden Anregungen möchten Ihnen Wege aufzeigen, um schwierige Etappen leichter zu bewältigen – bis der Sturm vorüber ist und die Sonne wieder zum Vorschein kommt.

○ Was helfen kann, wenn Ihr Leben in eine Schieflage gerät – in Anlehnung an den Rat von Elena Mikhalkovas Großmutter:

In kleinen Schritten weitergehen und das tun, was Sie tun können oder müssen. Überlegen Sie sich eine Mini-Maßnahme, die Sie aktuell ein kleines Stück voranbringt.

○ Aufbauende Worte wirken wie kühlender, heilender Balsam auf einer wunden Stelle. Suchen Sie deshalb den Kontakt zu Menschen, die Ihnen Halt geben, die Ihnen guttun. Schreiben, telefonieren, treffen Sie sich mit ihnen.

○ Es kann tröstlich sein, sich vor Augen zu führen, dass andere mit ähnlichen oder schwereren Schicksalsschlägen konfrontiert wurden und ebenfalls eine schwierige Zeit durchgemacht haben. Je älter Sie sind, desto mehr Menschen werden Ihnen hierzu wahrscheinlich in den Sinn kommen. Listen Sie diese Personen schriftlich auf und versuchen Sie nach Möglichkeit, sich mit ihnen auszutauschen und sich gegenseitig Trost zu spenden.

○ Wenn Sie in der aktuellen anstrengenden Phase einen geregelten Tagesablauf vermissen, strukturieren Sie Ihren Tag. Hierzu kann Sie bereits eine To-do-Liste unterstützen, mit der Sie sich von Aufgabe zu Aufgabe hangeln. Abgehakte Erledigungen schaffen Überblick, Befriedigung und Zuversicht.

○ Versuchen Sie, möglichst wenig daran zu denken, was am nächsten Tag geschehen könnte. Das Rad des Lebens dreht sich weiter. Die belastende Gegenwart wird einmal Vergangenheit sein, auf die Sie dann zurückblicken werden, reicher an – vielleicht sehr wertvollen – Erfahrungen.

○ Richten Sie Ihr Augenmerk beharrlich auf das Schöne und Gelungene in Ihrem Leben. Auch wenn Sie es momentan erst auf den zweiten Blick entdecken mögen. Irgendwann werden dem Sturm wieder sonnige Zeiten folgen, in denen Entspannung und Lebensfreude in Ihren Alltag zurückfinden.

○ Ein bekanntes Sprichwort lautet: „Erhoffe das Beste und sei gefasst auf das Schlimmste." Ich möchte es noch ergänzen: „Unternehmen Sie das Möglichste, um Ersteres zu erreichen und Letzteres zu verhindern."

Freundlichkeit &
Herzlichkeit

- Welches Kompliment hat Sie sehr berührt?
- Was schätzen Sie an anderen Menschen am meisten?
- Welche kleinen Gesten erfreuen Sie?

In unserer oft hektischen Zeit stehen viele unter Zeit- und Leistungsdruck – nicht gerade ein fruchtbarer Boden für das Gedeihen von Freundlichkeiten. Deshalb mag manchmal der Eindruck entstehen, dass die Welt „kälter" geworden ist. Werte wie Freundlichkeit, Empathie, Höflichkeit und Hilfsbereitschaft scheinen auf der Strecke zu bleiben.

Lebensfreude-Dünger

Und doch haben wir es selbst in der Hand, die Welt freundlicher zu gestalten. Dazu braucht es nicht viel. Lebensfreude-Dünger können sein: ein liebevolles Wort, eine wohlwollende Geste, eine kleine Unterstützung, ein zauberhaftes Lächeln, eine Prise Humor und Fröhlichkeit, ein ansteckendes Lachen, ein ehrliches Kompliment, ein herzliches Dankeschön – ob an die Postbotin, den Verkäufer hinter der Theke, die wartende Person an der Haltestelle.

Genau diese scheinbaren Kleinigkeiten können bewirken, dass der Tag für andere und damit auch für uns selbst ein freundlicherer und besserer wird als ohne unser Zutun.

Wie ein Echo

Vielleicht haben Sie bereits die Erfahrung gemacht, dass Gutes, aber auch weniger Gutes, das man Mitmenschen angedeihen lässt, auf die eine oder andere Weise zurückkommt.

Wie ein Echo – was wir aussenden, kehrt zurück: Wenn wir einem Menschen unfreundlich begegnen, wird seine Reaktion kaum wohlwollend ausfallen. Schenken wir ihm hingegen ein Lächeln, ist die Wahrscheinlichkeit groß, dass es erwidert wird.

Die Echowirkung: Ein freundliches Wort bewirkt eine freundliche Antwort, ein Lächeln ein erwidertes Lächeln, eine Hilfestellung vielleicht eine Unterstützung zu einem späteren Zeitpunkt, ein Lob hebt die Laune bei den Empfängern, die diese mit nach Hause nehmen und dort auf andere übertragen.

Wie sind die Menschen in der Stadt?

Ein alter Mann saß vor den Toren einer Stadt. Alle Menschen, die in die Stadt gingen, kamen an ihm vorbei. Da blieb ein Fremder stehen und wandte sich höflich an den Mann:
„Du kannst mir sicher sagen, wie die Menschen in dieser Stadt sind?"
Der Alte sah ihn lächelnd an: „Wie waren sie dort, wo du herkommst?"
„Freundlich, hilfsbereit und großzügig. Sehr angenehme Menschen", antwortete der Fremde.
„Genau so sind sie auch in dieser Stadt!" Das freute den Fremden und mit einem Lächeln passierte er das Stadttor.

Wenig später trat ein anderer zu dem Mann und fragte ihn schroff:
„Sag mir, Alter, wie sind die Menschen in dieser Stadt?"
Der Alte fragte auch ihn: „Wie waren sie dort, wo du zuletzt warst?"
„Furchtbar! Unfreundlich und arrogant."
Der alte Mann antwortete: „Ich fürchte, so sind sie auch in dieser Stadt."

Sei freundlich. Einfach so.
Ohne Grund.

Blütezeiten-Impulse:

Mit Freundlichkeit und Herzlichkeit Ihr eigenes Leben und das Ihrer Mitmenschen bereichern:

○ Kennen Sie das Konzept der Freundlichkeitskettenreaktion? Um sie auszulösen, gehen Sie so vor:

1. Wann immer man Ihnen Gutes zukommen lässt (in Form eines Geschenks, eines Gefallens, einer Unterstützung, eines Trosts), revanchieren Sie sich zusätzlich bei einer anderen Person. Also nicht nur bei jener, von der Sie das Gute erfahren haben.

2. Wenn sich diese dritte Person dann bei Ihnen erkenntlich zeigen möchte, bitten Sie sie darum, stattdessen einem weiteren Menschen eine kleine Freude zu bereiten. Sie können dieser dritten Person mitteilen, dass sie das Glied einer „Freundlichkeitskette" bildet und dass Sie sich freuen würden, wenn sie diese fortsetzt.

○ Verhalten Sie sich so, wie Sie sich von anderen ein Benehmen Ihnen gegenüber wünschen. Behandeln Sie andere Menschen so, wie Sie selbst gerne behandelt werden möchten.

Entspannung & Gelassenheit

- Wo und mit wem können Sie herrlich abschalten?
- Wann waren Sie das letzte Mal so richtig entspannt?
- Was löst in Ihnen große Anspannung und Stress aus?

Durch die gesellschaftliche Schnelllebigkeit sind viele gestresst, hetzen von Termin zu Termin. Die vielen Verpflichtungen lassen kaum Zeit zum Luftholen. Das Gefühl ständiger Erschöpfung ist dann ein Weckruf, der nicht überhört werden sollte. Wird er ignoriert, können früher oder später Körper und Seele die Notbremse ziehen, z. B. in Form eines Burnouts.

Stress ist die körperliche und psychische Reaktion auf Belastungen. Er versetzt uns in eine Art Alarmmodus und bewirkt eine kurzfristige Leistungssteigerung. Hält er allerdings über einen längeren Zeitraum an, beeinträchtigt er die Leistungsfähigkeit, das Wohlbefinden und die Lebensqualität.

Bei den Stressauslösern gilt es, zwischen äußeren und persönlichen zu unterscheiden. Auf die persönlichen Stressauslöser können wir direkt einwirken, während das bei den äußeren oft nicht unmittelbar möglich ist.

Beispiele für Stressfaktoren, die von außen auf uns einwirken: Überforderung durch hohes Arbeitspensum, schlechtes Arbeitsklima, fehlende Unterstützung, störende Unterbrechungen, ineffiziente Arbeitsabläufe, Informationsflut, Druck durch Vorgesetzte.

Persönliche Stressauslöser: hohe Erwartungen an sich selbst, nicht Nein sagen können, Perfektionismus, geringe Durchsetzungskraft, Versagensängste, Gefühl der Alternativlosigkeit, des

Ausgeliefertseins, der Ohnmacht. Eine Stressbelastung hängt immer auch davon ab, wie der Einzelne eine herausfordernde Situation oder eine knifflige Aufgabe und deren Bewältigungschance wahrnimmt.

Dazu zwei Szenarien aus dem Arbeitsalltag:

1. Ein Mitarbeiter muss in einem Meeting vor einer größeren Teilnehmergruppe ein kurzes Referat halten. Für ihn keine sonderliche Herausforderung, da er es gewohnt ist, vor mehreren Personen zu sprechen, und sich selbst gerne präsentiert.

2. Gleiche Aufgabe, anderer Mitarbeiter: Dieser hat Schwierigkeiten, vor einer Gruppe zu reden. Kloß im Hals, schlotternde Knie, schweißnasse Hände, flaues Gefühl in der Magengegend. Allein der Gedanke daran löst Panikgefühle aus und bereitet ihm schlaflose Stunden.

Also eine ähnliche Situation, aber eine ganz unterschiedliche Wahrnehmung der Aufgabe und Beurteilung der Bewältigungsmöglichkeit.

Auch für ein- und dieselbe Person kann die gleiche Aufgabe mit unterschiedlicher Stressbelastung einhergehen. Denn das Stressempfinden muss nicht ausschließlich im Zusammenhang mit der Situation stehen. Für den erstgenannten Mitarbeiter kann das Referat plötzlich zu einer brenzligen Herausforderung werden, wenn er sich in einer schlechten emotionalen Verfassung befindet, beispielsweise bedingt durch die kurz zuvor erfolgte Trennung von seiner Frau.

Die möglichen Folgen von Stress auf die Gesundheit (z. B. Magenbeschwerden, Konzentrationsschwierigkeiten, Vergesslichkeit, Schlaflosigkeit, Verspannungen, geschwächtes Immunsystem, Burnout) hängen primär von der Dauer der Stresseinwirkung ab.

Das halb gefüllte Glas

Während eines Seminars schritt die Referentin durch den Veranstaltungsraum. Als sie ein halb gefülltes Glas mit Wasser hochhielt, erwarteten die Teilnehmer die bekannte Frage: „Ist dieses Glas halb leer oder halb voll?"

Stattdessen fragte sie mit einem Lächeln: „Wie schwer ist dieses Glas?"
Die Antworten schwankten zwischen „200 g" und „500 g".

Die Referentin erläuterte: „Das absolute Gewicht spielt keine Rolle. Es hängt davon ab, wie lange ich es halten muss. Halte ich es für eine Minute, ist es kein Problem. Wenn ich es eine halbe Stunde halten muss, werde ich Schmerzen im Arm verspüren. Muss ich es einen ganzen Tag halten, wird mein Arm taub. Das Gewicht des Glases ändert sich nicht, aber umso länger ich es halte, als desto schwerer werde ich es empfinden."

Sie fuhr fort: „Stress ist wie dieses Glas mit Wasser. Müsst ihr Stress nur über eine kurze Zeit aushalten, wird das bei euch keine sonderlichen Spuren hinterlassen. Aber je länger ihr dem Stress ausgesetzt seid, desto mehr wird dadurch eure psychische und physische Gesundheit leiden, bis ihr schließlich nicht mehr könnt. Unternehmt ihr selbst nichts gegen den Stress, so wird es euer Körper für euch tun. Und das ist dann meist eine sehr schmerzliche Erfahrung. Deshalb ist es so wichtig, das Glas regelmäßig abzustellen, um neue Kraft zu tanken."

» Was ohne Ruhepausen geschieht,
ist nicht von Dauer.

OVID

Blütezeiten-Impulse:

Machen Sie sich bewusst, dass der Weg aus der Stressfalle in der Regel nicht von heute auf morgen zu bewältigen ist. Oft sind große persönliche Veränderungen (Jobwechsel, Trennung, Loslassen, Umzug, Auszeit) erforderlich, um Entspannung und Lebensfreude zurückzugewinnen.

Listen Sie Ihre Stressauslöser auf. Wer oder was stresst Sie? Diese Erkenntnis ist stets der erste Schritt, um eine Besserung herbeizuführen. Im Anschluss notieren Sie sich für jeden einzelnen Auslöser, wie Sie diesen möglicherweise in den Griff bekommen. Allein diese schriftliche Auseinandersetzung kann zu aufschlussreichen Einsichten führen und Lösungswege aufzeigen, die Ihnen sonst verborgen blieben.

Begeben Sie sich des Öfteren ins Freie. Die Natur ist eine wunderbare Energietankstelle, wo Sie zur Ruhe kommen, Ihre Gedanken sortieren und die Batterien wieder aufladen können.

Machen Sie so oft wie möglich Sport, bewegen Sie sich. Das führt zu einer Milderung der Stressreaktionen. Aber Sie erreichen damit noch mehr: Jedes Mal, wenn Sie in Ihre Turnschuhe schlüpfen und sich aus dem Haus in die Natur aufmachen, ist das nicht nur eine Investition in Ihr jetziges Wohlbefinden, sondern insbesondere auch in Ihr zukünftiges. Wie eine Einzahlung auf Ihr „Alterskonto", damit Sie sich noch in höherem Alter guter körperlicher und geistiger Verfassung erfreuen.

Teilen Sie Ihre Sorgen: Versuchen Sie nicht, mit allem allein klarzukommen. Gespräche tun ungemein gut, wirken befreiend und entstressend. Reden Sie sich Ihre Sorgen, Ängste, Ihren Ärger oder Frust von der Seele.

Haben Sie kein schlechtes Gewissen, gelegentlich in den Leerlauf zu schalten. Einfach mal für eine Weile nichts tun, sich völlig der Muße hingeben. Lassen Sie Langeweile zu. Sie ist ein Gegenpol zur Überstimulation, der wir oft ausgesetzt sind. Und oft sprudeln erst durch diese erholsame Untätigkeit hervorragende, neue Ideen aus den Tiefen des Unterbewusstseins hervor.

Einen optimalen Erholungseffekt erreichen Sie, wenn Sie in Ihrer Freizeit ein Gegenprogramm zur beruflichen Belastung absolvieren.

Wenn Sie z. B. im Büro täglich mehrere Stunden vor dem Computer sitzen, kann das Kontrastprogramm aus Bewegung und Sport bestehen. Sind Sie beruflich oder privat mit vielen Menschen in Kontakt, werden Sie sich bei Ruhe gut regenerieren. Ist Ihre Arbeit eher monoton, kann die Freizeit umso aufregender ausfallen. Leisten Sie in Ihrem Beruf primär geistige Arbeit, kann es höchst entspannend sein, etwas mit den eigenen Händen zu schaffen. Reparieren, restaurieren, bauen, malen, töpfern Sie – das Schöne daran: Das Ergebnis ist sofort sicht- und greifbar.

Entspannung ist meist verbunden mit persönlichen Entscheidungen. Entschließen Sie sich zu einer halben Stunde Sport oder einem Beisammensein mit Freunden, dann ist das eine Entscheidung FÜR die Entspannung. Auch mit einem Ja oder einem Nein treffen Sie Entscheidungen. Wenn Sie zu fremden Erwartungen oder zu zugeschanzten Aufgaben nicht Nein sagen und Grenzen setzen, entscheiden Sie sich GEGEN die Entspannung. Jede Entscheidung hat Konsequenzen.

Mit Atemübungen verschaffen Sie Ihrem Körper und Geist zwischendurch sprichwörtlich eine Verschnaufpause. Atmen Sie fünf Minuten lang gleichmäßig für jeweils fünf Sekunden über die Nase ein und dann für fünf Sekunden über den Mund aus. Achten Sie darauf, dabei stets in Ihrem Wohlfühlbereich zu bleiben und nicht „bis zum Anschlag" ein- und auszuatmen. Führen Sie diese Atemübung am besten mehrmals am Tag durch: morgens, mittags, abends oder jederzeit, sobald Sie Stress verspüren. Sie können den Handywecker nutzen, um sich an die „Atempausen" erinnern zu lassen. Es gibt auch zahlreiche Apps, die Sie bei der Durchführung von Atemübungen unterstützen können. Sie begleiten die Übungen mit Entspannungsmusik und geben einen gleichmäßigen Rhythmus vor.

○ Um unmittelbar vor einer anstehenden Herausforderung (z. B. einem schwierigen Gespräch, einer Prüfung, einem

Eine nachweislich stressreduzierende Wirkung haben bestimmte Naturgeräusche: Wind, der durch Baumkronen rauscht, das Plätschern eines Baches, Vogelgezwitscher. Je höher der Stresspegel, desto größer deren Effekt.

Mithilfe von Messungen in bestimmten Hirnregionen wurde diese positive Wirksamkeit nachgewiesen. So wird durch das Lauschen von Drossel-, Meisen- oder Amselgesang messbar Stress, Schmerz und Alltagsärger abgebaut und

Vortrag) Anspannung abzubauen: Atmen Sie langsam ein. Spannen Sie so viele Muskeln wie möglich stark an. Halten Sie die Spannung und atmen Sie langsam aus. Danach entspannen Sie alle Muskeln. Wiederholen Sie den Vorgang, aber bleiben Sie dabei im Wohlfühlbereich.

○ Suchen Sie Plätze in erholsamer Umgebung auf – insbesondere in der Natur und vor einer beruhigenden Tonkulisse. Ist Ihnen das in der Stressphase nicht möglich, können Sie z. B. über Kopfhörer Aufnahmen von Naturgeräuschen lauschen. Im Internet finden Sie Naturtöne, indem Sie etwa auf YouTube die Stichworte „Vogelgezwitscher", „Wind in den Bäumen", „Sommerregen", „Wellenrauschen" oder „Bachplätschern" eingeben.

die Stimmung steigt. Die positive Wirkung wird darauf zurückgeführt, dass die natürliche Geräuschkulisse kaum konzentrierte Aufmerksamkeit erfordert, sondern unmittelbar auf uns einwirkt.

Eine weitere Theorie besagt, dass Vogelgesang das Gefühl von Sicherheit vermittelt, da wir ihn evolutionär mit „Zuhause" und Geborgenheit verbinden.

Ruhe & Stille

- In welchen Situationen sehnen Sie sich nach Stille?
- Wo ist für Sie der ideale Ort, um zur Ruhe zu kommen?
- Welche Geräuschquellen empfinden Sie als störend?

Lärm erzeugt Stress. Je öfter wir mit Lärm konfrontiert werden, desto stärker die Stressbelastung mit allen damit verbundenen gesundheitlichen Auswirkungen.

Wir sind uns oft gar nicht bewusst, welchem permanenten Geräuschpegel wir tagtäglich ausgesetzt sind. Stimmen, Maschinengeräusche, Verkehrslärm. Stets ist ein Gerät in Betrieb, sei es der Computer am Arbeitsplatz, das Radio oder der Fernseher zu Hause, das Smartphone unterwegs – die Folge: Reizüberflutung!

Halten Sie jetzt kurz inne:
Was hören Sie?

Vielleicht erstaunt es Sie, wie viele Geräusche in einer vermeintlich leisen Umgebung hörbar sind.

Regelmäßige Momente der Stille tun unserem Körper und Geist
gut. Sie fördern die Entspannung, schenken Kraft und wirken
sich positiv auf unsere Stimmung aus. Die Stille unterstützt bei
der Verarbeitung von Gefühlen und Erlebnissen. Sie sensibilisiert
unser Gespür für die wesentlichen Dinge des Lebens.

51

Der Blick in den Brunnen

Zu einer weisen Frau, die zurückgezogen lebte, kamen einmal ein paar Menschen und fragten sie:
„Was für einen Sinn siehst du in deinem Leben der Stille?"

Die Weise war gerade mit dem Schöpfen von Wasser aus einem tiefen Brunnen beschäftigt. Sie bat ihre Besucher:
„Schaut hinab in den Brunnen. Was seht ihr?"
Die Leute blickten in den Brunnen hinein und sagten: „Nichts!"

Kurze Zeit später forderte die Weise die Besucher erneut auf:
„Schaut in den Brunnen! Was seht ihr jetzt?"
Da blickten die Leute wieder hinunter: „Jetzt sehen wir uns selbst."

Da sprach die Weise:
„Nun, als ich vorhin Wasser schöpfte, war das Wasser unruhig. Jetzt ist es wieder zur Ruhe gekommen. Das ist die Erfahrung der Stille: Man sieht sich selbst! Und nun wartet noch eine Weile."

Nachdem einige Zeit vergangen war, sagte die Frau erneut: „Schaut in den Brunnen. Was seht ihr jetzt?"

Die Menschen blickten hinab: „Nun sehen wir die Steine auf dem Grund des Brunnens."

Da erklärte die Weise: „Auch das ist eine Erfahrung der Stille. Wenn man lange genug wartet, sieht man den Grund aller Dinge."

>>

Je stiller man ist,
desto mehr kann
man hören.

CHINESISCHE WEISHEIT

Blütezeiten-Impulse:

Es ist nicht ganz so einfach, im Alltag der Dauerberieselung zu entkommen und sich „akustisch zu entkoppeln". Dazu folgende Vorschläge:

○ Sollten Sie die Möglichkeit haben, dann richten Sie sich zu Hause einen gemütlichen Raum der Stille ein – ohne Fernseher, Radio und andere elektrische Geräte. Für das Smartphone gilt ebenfalls „Eintrittsverbot". Je weniger hörbare Reize innen vorhanden sind und von außen in den Raum dringen, desto effektiver ist Ihre darin verbrachte akustische Auszeit.

○ Gibt es öffentliche Gebäude mit großen Räumen in Ihrer unmittelbaren Umgebung, die Sie aufsuchen könnten zu Zeiten, in denen sie kaum frequentiert werden? Zur akustischen Entspannung eignen sich am besten großflächige, hohe, möglichst menschenleere Räumlichkeiten. Je größer diese Inseln der Ruhe sind, desto besser wirkt die Stille. Ein geeignetes Gebäude wäre beispielsweise ein Museum, eine Halle, ein Saal oder eine leere Kirche (unabhängig davon, ob Sie einer Religion angehören).

○ Am Arbeitsplatz könnten Sie notfalls auf das „stille Örtchen" ausweichen. Dort entfliehen Sie zumindest für wenige Minuten der permanenten Geräuschkulisse und Reizüberflutung. Schließen Sie die Augen und laden Sie Ihren mentalen Akku wieder auf.

○ Wenn Sie das Bedürfnis nach Ruhe haben, Ihnen aber auf die Schnelle kein ruhiger Ort zur Verfügung steht, dann sind Ohrstöpsel oder Lärmschutzkopfhörer eine praktische Alternative. Sie wirken wie ein Hörgerät nach innen, denn damit nehmen Sie Ihre Atmung intensiver wahr, was einen Entspannungseffekt zur Folge hat. Das können Sie überprüfen, indem Sie sich kurz die Ohren zuhalten.

○ Wie wäre es mit einem stillen Morgenritual? Stehen Sie zeitiger auf als alle anderen bei Ihnen zu Hause – und wenn es nur eine Viertelstunde früher ist als gewohnt. Setzen Sie sich dann für einige Minuten hin und blicken Sie aus dem Fenster ohne Radio- oder andere Geräusche im Hintergrund. Oder begeben Sie sich an die frische Luft in den Garten oder auf den Balkon und genießen Sie die friedliche Morgenstille: nur der junge Morgen und Sie!

Digitale Auszeiten

- Hadern Sie damit, dass Sie zu viel wertvolle Zeit am Smartphone oder in Onlinekanälen verbringen?
- Fühlen Sie sich unwohl, wenn Sie Ihr Smartphone nicht bei sich haben?
- An welche drei Newsmeldungen der vergangenen Woche, die sich unmittelbar auf Ihr Leben auswirken, erinnern Sie sich?

Die Digitalisierung schreitet in hohem Tempo voran und hat noch lange nicht ihren Zenit erreicht. Diese rapide Entwicklung wird nachvollziehbar, wenn wir die Auswirkung auf unseren Alltag rückblickend betrachten:

Es gibt kaum jemanden in unseren Breitengraden ohne Smartphone und Internetzugang. Wir sind global miteinander vernetzt, erfahren von aktuellen Geschehnissen auf der ganzen Welt innerhalb kürzester Zeit. Wir wickeln Geschäfte online ab, informieren uns und kommunizieren über Onlinekanäle, können im Netz so ziemlich alles bestellen und bekommen es an die Haustür geliefert.

Diese technischen Errungenschaften sind großartig und erleichtern unser Leben in vielen Bereichen immens. Allerdings gibt es wie überall eine Kehrseite der Medaille. Die Dauerberieselung und die ständige Erreichbarkeit können zu Reizüberflutung und Stress führen. Nicht wenige entwickeln im Zusammenhang mit der Smartphonenutzung und dem Medienkonsum Suchtgewohnheiten. Hierzu zählt die zwanghafte Sorge, eine soziale Interaktion zu versäumen und nicht mehr auf dem Laufenden zu bleiben. Das wird heute als FOMO (Fear Of Missing Out) bezeichnet – die ständige Angst, etwas zu verpassen.

In Social-Media-Kanälen präsentieren sich Menschen häufig im besten Licht. Viele „Follower" neigen dazu, sich mit ihnen zu vergleichen. Dadurch nehmen Druck und Unzufriedenheit mit sich selbst zu – mögliche Folgen: Stress und Selbstoptimierungszwang.

Und ja, zuweilen kann die Menschlichkeit auf der Strecke bleiben. Insbesondere wenn wir uns hinter unseren Geräten und in der digitalen Welt verstecken und dadurch unsere zwischenmenschlichen Interaktionen in der realen Welt reduzieren.

Mehr Zeit mit Menschen verbringen als mit Geräten

.Julian verbrachte mit seinem Vater eine Stunde auf dem Amt. Während sie warteten, meinte er:

„Vater, ich werde dir zu Hause zeigen, wie du solche Wege, aber auch Einkäufe online abwickeln kannst."

„Warum sollte ich das tun?", fragte der Vater.

„Nun, dann musst du hier keine Stunde für solche Angelegenheiten verbringen. Und indem du online einkaufst, ersparst du dir ebenfalls Zeit. Alles wird so viel einfacher sein."

Julian war überzeugt, seinen Vater für die Annehmlichkeiten und die Zeitersparnis begeistern zu können.

„Wenn ich das tue, muss ich dann nicht mehr so oft aus dem Haus gehen?"

„Ganz genau!" Er hat es begriffen, dachte Julian und erzählte seinem Vater, dass mittlerweile sogar Lebensmittel an die Tür geliefert werden und dass man bereits fast alles im Internet bestellen kann. Auch Werkzeuge und Geräte, wie er sie als leidenschaftlicher Hobbyhandwerker nutzte.

Die Antwort seines Vaters überraschte ihn und stimmte ihn zugleich nachdenklich:

„Auf dem Weg hierher habe ich vier meiner Freunde getroffen und mit ihnen geplaudert. Und auch hier auf dem Amt habe ich eine Weile mit Jonas am Eingangsschalter – den ich nun schon seit Jahren kenne – ein paar nette Worte gewechselt. Ich mag es auch, mich schick anzuziehen, wenn ich mich aus dem Haus begebe. Ich gehe gerne einkaufen. Ich habe doch Zeit mehr als genug. Es sind die Begegnungen mit Menschen, die mir guttun. Du weißt ja, vor zwei Jahren war ich schwer krank. Emma, die das kleine Café in unserer Straße führt, hat mich im Krankenhaus besucht, sich an mein Bett gesetzt und geweint. Und als deine Mutter vor einigen Tagen auf ihrem morgendlichen Spaziergang gestürzt ist, hat Jakob, der Inhaber der Bäckerei, sofort sein Auto geholt, um sie nach Hause zu bringen. Jakob weiß ja, wo wir wohnen. Würde ich diese Form der Menschlichkeit auch erfahren, wenn ich alles online mache und über den Computer kommuniziere? Ich möchte nicht nur die ‚Verkäufer' kennen, sondern die Menschen dahinter, mit denen ich zu tun habe. Das schafft Bindungen und Beziehungen. Technologie ist nicht alles im Leben. Ich verbringe lieber mehr Zeit mit Menschen als mit Geräten."

In diesem Moment kam der Beamte Jonas zu den Männern und überreichte dem Vater lächelnd das ausgestellte Dokument, auf das sie gewartet hatten.

Dein Smartphone mag dich Personen
näherbringen, die weit weg von dir sind.
Aber es entfernt dich von jenen,
die neben dir sind.

(aus dem Buch ZEITBLÜTEN)

Blütezeiten-Impulse:

Bei den folgenden Anregungen geht es nicht darum, vollkommen auf das Smartphone zu verzichten. Vielmehr möchten die Vorschläge zu einer Balance zwischen Online- und Offline-Zeiten sowie zu einem bewussteren Medienkonsum einladen.

○ Eine erste schlichte, aber effektive Maßnahme: Aktivieren Sie bei Ihrem Smartphone den Schwarz-Weiß-Modus. Diese Funktion bieten mittlerweile die meisten Geräte. Untersuchungen haben ergeben, dass der Wechsel von dem gewohnten Farbfeuerwerk in die farbtriste Graudarstellung die Verweildauer erheblich senkt. Der Reiz, nach dem Gerät zu greifen, wird stark reduziert.

○ Beobachten Sie, was die Nutzung der einzelnen Kanäle und Apps in Ihnen auslöst. Sind es negative Emotionen und Gedanken, weil beispielsweise ein Medium häufig reißerische Katastrophenbeiträge bringt? Oder eine App, die durch ein geschicktes Belohnungssystem Ihre Nutzungsdauer in die Länge zieht und Sie sich dann ärgern, dass Sie zum wiederholten Male so lange vor dem Handy saßen?

Ein kleines Experiment: Werfen Sie einen Blick in die Medienkanäle, auf die Sie am häufigsten zugreifen. Scrollen Sie dort jeweils durch die Schlagzeilen der ersten 50 Nachrichten:

1. Wie viele davon berichten Positives?
2. Wie viele informieren über etwas, das unmittelbaren Einfluss auf Ihr Leben hat?

Abhängig vom gelesenen Medium werden Sie voraussichtlich feststellen, dass nur ein marginaler Prozentsatz Sie tatsächlich tangiert und die negativen Schlagzeilen überwiegen. Dass sich gute Nachrichten längst nicht so leicht verkaufen wie schlechte, ist bekannt. Je reißerischer die Schlagzeile, desto höher die Anzahl der verkauften Exemplare, die Einschaltquote, die Klickzahlen und in weiterer Folge die Werbeeinnahmen.

Belastet Sie diese unverhältnismäßig hohe Zahl an Negativmeldungen oder ärgern Sie sich häufig über unreflektierte Kommentare? Dann schränken Sie den Nachrichtenkonsum oder das entsprechende Medium ein bzw. lesen Sie keine Kommentare mehr. Sie werden erfahren, dass sich diese „Medienhygiene" positiv auf Ihr Wohlbefinden und Ihr seelisches Gleichgewicht auswirkt.

○ Führen Sie sich vor Augen, auf welche Medienkanäle und Apps Sie wann und wie lange zugreifen. Im nächsten Schritt halten Sie für jeden einzelnen Kanal und jede App schriftlich fest, welchen konkreten Gewinn Sie daraus ziehen. Allein die Gegenüberstellung von Zeitaufwand und Nutzen könnte eine Änderung im Konsumverhalten erleichtern.

○ Reduzieren Sie in Abhängigkeit Ihrer Zeitaufwand-Nutzen-Analyse die Apps auf Ihren Geräten. Dadurch widerstehen Sie dem Reiz, sich in ihnen für kleine Ewigkeiten zu verlieren.

○ Wenn Sie auf gewisse Apps und Medienkanäle nicht komplett verzichten, deren Konsum aber dennoch minimieren wollen, können Sie deren Verfügbarkeit auf bestimmte Endgeräte beschränken. Deinstallieren Sie beispielsweise die App auf dem Smartphone und ermöglichen Sie den Zugriff ausschließlich über Laptop oder PC.

○ Deaktivieren Sie möglichst alle Push-Benachrichtigungen. Denn der Signalton selbst, aber auch die permanente (unterbewusste) Erwartungshaltung können Ihre Aufmerksamkeit erheblich beeinträchtigen. Schauen Sie stattdessen zu festgelegten Zeiten nach Neueingängen.

Um der verlockenden Versuchung leichter zu entgehen, können Sie für die digitalen Atempausen Ihr Smartphone außerhalb Ihrer Reichweite in einem anderen Raum platzieren – anfangs oben auf einem Schrank, sodass es nur mithilfe eines Stuhls erreichbar ist.

Handy raus und schnell mal schauen, wie spät es ist? Wenn Sie stattdessen eine Armbanduhr tragen, werden Sie weitaus seltener nach dem Smartphone greifen. Der häufige Blick aufs Handy aus Gründen der Zeitabfrage entfällt ebenso wie der Reiz, sich dabei gleich in „Neuigkeiten" zu verlieren.

Lassen Sie Ihr Handy gelegentlich zu Hause, z. B. bei einem Spaziergang. Wollen Sie darauf nicht verzichten, verstauen Sie es zumindest so, dass der Zugriff erschwert wird. Oder Sie schalten es temporär in den Flugmodus. Dadurch werden sämtliche Kommunikationsschnittstellen deaktiviert. Telefonieren, Nachrichten versenden und im Internet surfen ist dann nicht mehr möglich. Alternativ bietet sich die Ruhefunktion an. Damit können Sie festlegen, dass Sie nur für ausgewählte Personen (z. B. Ihre Familie) telefonisch erreichbar bleiben. Ausgesuchte Apps und den Internetzugang können Sie in diesem Modus weiterhin nutzen, um beispielsweise rasch eine Information online nachzuschlagen.

○ Gewohnheiten lassen sich nicht einfach löschen. Es gilt, sie mit neuen zu „überschreiben". Wenn Sie abends immer lange Zeit am Smartphone verbringen und das zukünftig vermeiden wollen, suchen Sie sich befriedigende Ersatzbeschäftigungen.

○ Bedingungssätze (Wenn–dann) unterstützen dabei, nicht permanent am Smartphone zu hängen: „WENN ich jetzt nicht zu meinem Handy greife, DANN bin ich ein Vorbild für meine Tochter. Ich zeige ihr, dass sie mir wichtiger ist als das Gerät."

○ Legen Sie in Ihren vier Wänden Smartphone-Tabuzonen oder generell eine gerätefreie Zone fest: Das können Küche, Schlafzimmer oder andere Räume sein, in denen Sie zur Ruhe kommen wollen. Auch handyfreie Zeiten (z. B. ab 21 Uhr) sind zweckdienlich.

Machen Sie sich digitale Auszeiten, in denen Sie entspannen und Kraft schöpfen, zu einer wohltuenden Gewohnheit.

Selbstannahme & Selbstfürsorge

- Haben Sie manchmal das Gefühl, nur funktionieren zu müssen und nicht mehr richtig zu leben?
- Empfinden Sie Schuldgefühle, wenn Sie sich ausschließlich Zeit für sich nehmen?
- Sind Sie der Meinung, dass Ihre eigenen Wünsche zu wenig Beachtung finden?

Wenn wir uns um andere kümmern, anderen zur Seite stehen und gebraucht werden, kann das ungemein befriedigend sein. Vernachlässigen wir aber gleichzeitig unsere eigenen Bedürfnisse, besteht die Gefahr „auszubrennen". Unser innerer Schutzschild wird geschwächt. Dann werden Entspannung und Lebensfreude immer mehr verdrängt. Gereiztheit, Antriebslosigkeit, Erschöpfung und Frustration nehmen zu.

Deshalb ist es so wichtig, dass wir uns bei all unserem Engagement und unserer Hilfsbereitschaft selbst nicht vergessen.

Mögliche Gründe mangelnder Selbstfürsorge sind das übermäßige Verlangen nach Anerkennung, ein hohes Leistungs- und Pflichtbewusstsein, eine zu geringe Wertschätzung der eigenen Person („das habe ich nicht verdient") …

Wenn wir der Selbstannahme und Selbstfürsorge wieder mehr Platz in unserem Leben gewähren, kann dies zu einer ganz neuen Lebensqualität führen.

Vor langer Zeit, als die Menschen die Sprache der Blumen und Bäume noch verstanden, lebte ein König. Er besaß einen wunderschönen Garten, den er über alles liebte. Darin wuchsen mächtige Palmen, prächtige Weinstöcke, duftende Rosen, würzige Kräuter und unzählige bunte Wildblumen.

Bei seinen täglichen Spaziergängen machte der König Rast unter den schattenspendenden Mangobäumen, erfreute sich am betörenden Duft der Rosen, strich mit der Hand sanft über die Blüten der Veilchen, Margeriten und Mohnblumen.

Als er eines Tages das Gartentor durchschritt, erschrak er fürchterlich. Die Blumen ließen ihre Köpfe hängen, die Blätter der Bäume waren welk, die Weinreben hatten ihre Früchte zu Boden fallen lassen.

Der König eilte von Pflanze zu Pflanze, erkundigte sich nach der Ursache für ihr Leid und musste erfahren: Der Mangobaum ließ seine Blätter verdorren, weil es ihm nicht gelang, so hoch zu wachsen wie die Palme. Die Palme wiederum war untröstlich, weil sie keine süßen Früchte tragen konnte wie der Weinstock. Und der Weinstock hatte aufgegeben, weil es ihm nicht möglich war, zu duften wie die Rosen. Der gesamte Garten bot einen tristen Anblick.

Doch plötzlich entdeckte der König mitten darin ein wildes Stiefmütterchen, das munter vor sich hinwuchs und seine bunten Blüten der Sonne entgegenstreckte.

„Wie ist es möglich, dass du so prächtig blühst, während die anderen Pflanzen verdorren?", wunderte sich der König.

Das Stiefmütterchen gab ihm zur Antwort:
„Lieber König, ich dachte mir, dass du genau hier ein wildes Stiefmütterchen haben willst. Sonst hättest du an meiner Stelle wohl eine Palme, einen Mangobaum, einen Weinstock oder eine Rose gepflanzt. Deshalb gebe ich mein Bestes und versuche das zu sein, was ich eben bin."

Der König war von diesen Worten sehr angetan und gab sie an alle Pflanzen in seinem Garten weiter.

»

Das Vergleichen ist
das Ende des Glücks und der
Anfang der Unzufriedenheit.

SØREN KIERKEGAARD

Blütezeiten-Impulse:

Wieder mehr auf sich schauen – dazu einige Vorschläge,
wie Ihnen das gelingen wird:

○ Machen Sie die Selbstfürsorge zu einem festen Bestandteil
Ihres Alltags – frei von den Erwartungen anderer und ohne
Gewissensbisse. Fällt Ihnen das schwer, dann machen Sie
sich bewusst: Nur wenn Sie mit Ihren Kräften haushalten und
Ihr seelisches und körperliches Wohlergehen nicht vernachlässigen, können Sie auch für diejenigen da sein, die Sie
brauchen.

○ Reservieren Sie regelmäßig Zeitinseln für sich. Nutzen Sie
diese Zeit, indem Sie sich Gutes gönnen, etwas, das Ihnen
Freude bereitet und aus dem Sie Kraft schöpfen.

○ Sie können die Selbstfürsorge-Zeiten in den Kalender eintra-
gen und wie einen geschäftlichen Termin wahrnehmen. Das
wird Sie eher dazu veranlassen, diese Verabredungen mit
sich selbst einzuhalten.

○ Wie wäre es mit einem „Ich sorge für mich"-Ritual? Fragen Sie sich z. B. jeden Morgen beim Zähneputzen: „Was brauche ich heute, damit es mir gut geht?" Denn niemand kennt Ihre Bedürfnisse besser als Sie selbst. Sie können die Fragen zur Erinnerung auf einem Post-it vermerken und an den Badezimmerspiegel heften.

○ Wird Ihnen zu wenig Anerkennung zuteil, klopfen Sie sich selbst auf die Schulter. Nicht rein gedanklich, sondern tatsächlich. Loben Sie sich, wenn Ihnen etwas gelungen ist. Verleihen Sie sich kleine „Preise" bei Erreichen von Etappenzielen. Nehmen Sie vor dem Spiegel eine Jubelpose ein und freuen Sie sich über Ihre großen und kleinen Erfolge.

○ Sollten Sie das Gefühl haben, von anderen zu sehr in Anspruch genommen oder gar ausgenutzt zu werden, zeigen Sie tapfer auf die Grenzsteine Ihrer inneren Burg („Bis hierhin und nicht weiter!") – zu Ihrem Selbstschutz und um die eigenen Bedürfnisse nicht zu unterdrücken.

○ Fragen Sie sich immer wieder: „Will ich das wirklich, ist mir das wichtig?" Antworten Sie darauf nicht mit Ja, wenn Sie eigentlich verneinen wollen. Denn wenn Sie widerspruchslos alles hinnehmen, Ihre Enttäuschung und Ihren Ärger nicht zeigen, wirkt das wie eine Abwärtsspirale, die Sie hinabzieht, bis Sie nicht mehr können, was sich schließlich negativ auf Ihre Gesundheit auswirken kann.

Haben Sie den Mut, nicht perfekt zu sein. Gehen Sie weniger hart mit sich selbst ins Gericht. Hinterfragen Sie Ihre inneren Antreiber („Ich muss stark sein, ich muss perfekt sein, ich muss es allen recht machen, damit sie mich mögen, …"). Woher kommen sie wohl? Allein die Auseinandersetzung mit festgefahrenen Überzeugungen kann zu einem Umdenken und in weiterer Folge zu einer positiven Verhaltensänderung führen. Sobald Sie Ihre Glaubenssätze (er-)kennen und um-formulieren, kann sich Ihr Handeln und Verhalten ändern.

Haben Sie Geduld mit sich. Irgendwann ist er da: der Tag, an dem Sie mit sich im Reinen und mit Ihrem Leben zufrieden sind.

Werte & Selbstwert

- Was ist Ihnen im Leben wirklich wichtig?
- Was finden Sie an sich besonders liebenswert?
- Auf welches Erreichte oder Geschaffene sind Sie sehr stolz?

Werte haben einen großen Einfluss auf unser Leben. Sind wir uns ihnen bewusst, können wir unser Denken und Handeln besser verstehen und gezielter lenken.

Werte beeinflussen unsere Entscheidungen. Wenn wir mit unserem Leben zufrieden sind, kann das ein Indiz dafür sein, dass wir auf unserem bisherigen Lebensweg zahlreiche richtige Entscheidungen getroffen haben, die mit unseren Werten konform gehen. Aber auch der umgekehrte Fall ist möglich: unzufrieden mit dem Leben zu sein infolge von Beschlüssen gegen das eigene Wertesystem.

Was sind persönliche Werte?

Vereinfacht gesagt: Alles, was uns wichtig, wertvoll und von Bedeutung erscheint: Familie, Freunde, Gesundheit, Erfolg, Reichtum, Karriere, Berühmtheit, Genügsamkeit etc.

Ebenso kann man großen Wert auf Freiheit, Unabhängigkeit, Spiritualität, Treue, Bescheidenheit, Hilfsbereitschaft, Verlässlichkeit, Ehrlichkeit legen – sowohl bei sich selbst als auch bei anderen.

Das eigene Wertebild resultiert aus der persönlichen Biografie. Es wird früh durch das soziale Umfeld geprägt, insbesondere durch die Erziehung.

Die so gewachsenen Werte können sich später durch den Freundeskreis, Erfahrungen und Erlebnisse noch festigen, ändern oder durch neue ergänzt werden.

Haben wir Menschen in unserer Nähe, welche die gleichen oder ähnliche Werte vertreten – zumindest in den Bereichen, in denen wir miteinander agieren –, fördert das langfristige, gute Beziehungen.

Nun geht es nicht nur um „äußere" Werte, sondern ebenso um unseren Selbstwert – welchen Wert wir uns selbst zuschreiben. Dieser steht in direktem Zusammenhang mit dem Selbstbild. Sind wir mit einem starken Selbstwertgefühl ausgestattet, so nehmen wir uns trotz unserer Schwächen und Fehler als wertvoll und liebenswürdig wahr.

Der wahre Wert des Rings

Ein junger Mann suchte einen Weisen auf, um ihn um Hilfe zu bitten. „Meister, ich bin gekommen, weil ich mich so wertlos fühle, dass ich überhaupt nichts mit mir anzufangen weiß. Man sagt, ich sei ein Nichtsnutz, was ich auch täte, mache ich falsch, ich sei ungeschickt und dumm dazu. Meister, wie kann ich ein besserer Mensch werden? Was kann ich tun, damit die Leute eine höhere Meinung von mir haben?"

Ohne ihn anzusehen, sagte der Meister: „Es tut mir sehr leid, mein Junge, aber ich kann dir nicht helfen, weil ich zuerst mein eigenes Problem lösen muss. Vielleicht danach."

Er machte eine Pause und fügte dann hinzu: „Aber wenn du zuerst mir helfen würdest, könnte ich meine Sache schneller zu Ende bringen und mich dann um dein Problem kümmern."

„S…s…ehr gerne, Meister", stotterte der junge Mann und sah sich wieder einmal zurückgesetzt und seine Bedürfnisse hintangestellt."

„Also gut", fuhr der Meister fort. Er zog einen Ring vom kleinen Finger seiner Hand, gab ihn dem Jungen und sagte: „Nimm das Pferd und reite zum Markt. Ich muss diesen Ring verkaufen, weil ich eine Schuld zu begleichen habe. Du musst unbedingt den bestmöglichen Preis dafür erzielen, und verkaufe ihn auf keinen Fall für weniger als ein Goldstück. Geh und kehre so rasch wie möglich mit dem Goldstück zurück."

Der Junge nahm den Ring und machte sich auf den Weg. Kaum auf dem Markt angekommen, pries er ihn den Händlern an, die den Ring mit Interesse begutachteten, bis der Junge den verlangten Preis nannte. Als er das Goldstück ins Spiel brachte, lachten einige. Die anderen wandten sich gleich ab. Nur ein alter Mann war höflich genug, ihm zu erklären, dass ein Goldstück viel zu wertvoll sei, um es gegen einen Ring einzutauschen.

Entgegenkommend bot ihm jemand ein Silberstück an, dazu einen Kupferbecher. Aber der Junge hatte die Anweisung, nicht weniger als ein Goldstück zu akzeptieren, und lehnte das Angebot ab.

Nachdem er das Schmuckstück jedem einzelnen Marktbesucher gezeigt hatte – und das waren nicht weniger als hundert –, stieg er, von dem Misserfolg vollkommen niedergeschlagen, auf das Pferd und kehrte zurück.

Wie sehr wünschte sich der Junge, das Goldstück zu besitzen, um es dem Meister überreichen zu können, damit dieser ihm bei seinem Problem helfen konnte.

„Meister", sagte er, „es tut mir leid. Ich hätte zwei oder drei Silberstücke dafür bekommen können, aber es ist mir nicht gelungen, jemanden über den wahren Wert des Ringes hinwegzutäuschen."

„Was du sagst, ist sehr wichtig, mein junger Freund", antwortete der Meister mit einem Lächeln. „Wir müssen zuerst den wahren Wert des Rings in Erfahrung bringen. Steig wieder auf dein Pferd und reite zum Schmuckhändler. Wer könnte den Wert des Rings besser einschätzen als er? Sag ihm, dass du den Ring verkaufen möchtest, und frag ihn, wie viel er dir dafür gibt. Aber was immer er dir auch dafür bietet: Du verkaufst ihn nicht, sondern kehrst mit dem Ring hierher zurück!"

Erneut machte sich der Junge auf den Weg. Der Schmuckhändler untersuchte den Ring im Licht einer Öllampe, besah ihn durch seine Lupe, wog ihn und sagte: „Mein Junge, richte dem Meister aus, wenn er jetzt gleich verkaufen will, kann ich ihm achtundfünfzig Goldstücke für seinen Ring geben."

„Achtundfünfzig Goldstücke?", rief der Junge erstaunt.

„Ja", antwortete der Schmuckhändler. „Ich weiß, dass man mit etwas Geduld sicherlich bis zu siebzig Goldstücke dafür bekommen kann, aber wenn es ein Notverkauf ist ..."

Aufgewühlt eilte der Junge in das Haus des Meisters zurück und erzählte ihm, was geschehen war.

„Setz dich", sagte der Meister, nachdem er ihn angehört hatte. „Du bist wie dieser Ring: ein Schmuckstück, kostbar und einzigartig. Und genau wie bei diesem Ring kann deinen wahren Wert nur ein Fachmann erkennen. Warum irrst du also durch dein Leben und erwartest, dass jeder x-Beliebige um deinen Wert weiß?"

Noch während er dies sagte, streifte er sich den Ring wieder über seinen kleinen Finger.

Eine Freude, die von außen kommt,
wird uns auch wieder verlassen.
Jene Werte aber, die im Inneren
wurzeln, sind zuverlässig und
von Dauer.

SENECA

Blütezeiten-Impulse:

„Du bist wie dieser Ring: ein Schmuckstück, kostbar und einzigartig." Damit Sie sich Ihrer Werte und vor allem Ihres Selbstwerts bewusst werden:

○ Ziehen Sie sich mit einem Stift, einem Blatt Papier oder einem Notizbuch an einen Ort zurück, an dem Sie ungestört sind und sich wohlfühlen. Machen Sie es sich bequem. Notieren Sie dann (in Stichworten), was Ihnen im Leben wichtig ist – bei sich selbst, aber auch bei anderen. Versuchen Sie im Anschluss daran, die wichtigsten drei Werte zu benennen, das sind Ihre persönlichen Leitsterne, an denen Sie sich zukünftig bei Ihren Entscheidungen und Handlungen orientieren können.

○ Um sich Ihren Selbstwert vor Augen zu führen: Überlegen Sie, was Sie an sich mögen. Schreiben Sie all Ihre positiven Eigenschaften und Stärken in Ihr Notizbuch. Zur Reflexion können Satzanfänge hilfreich sein wie „Ich mag mich, weil …", „Ich mag an mir besonders, dass …", „Ich kann gut …". Für den einen oder die andere kann sich diese Übung als wahre Herausforderung erweisen, da das Bewusstsein für die eigenen Stärken oft unter Selbstzweifeln verschüttet scheint.

Eine Übung, die an die vorherige anknüpft: Wenden Sie sich an Ihren Partner, Ihre Partnerin, an gute Freunde, Familienangehörige oder andere vertraute Menschen. Fragen Sie diese Personen, was sie an Ihnen schätzen und lieben und welche Eigenschaften und Fähigkeiten sie an Ihnen bewundern. Diese Perspektive von außen kann Ihnen die Augen öffnen und einen ungeheuren positiven Schub für Ihr Selbstwertgefühl zur Folge haben. Sie werden erkennen, dass für andere weniger zählt, was Sie erreicht haben, als das, was für ein Mensch Sie sind. Daran sollten Sie Ihren Selbstwert bemessen.

Ungute Erfahrungen können am Selbstwert nagen. Um belastende Erinnerungen, die Sie schon lange mit sich herumschleppen, loslassen zu können, schreiben Sie diese auf ein Blatt Papier. Ob Sie es dann um einen Stein wickeln und in einen tiefen See werfen, es zerknüllen, die Toilette hinunterspülen oder verbrennen, steht Ihnen frei. Im Idealfall verspüren Sie danach ein beflügelndes, erleichterndes Gefühl, das lange nachwirkt. Lassen Sie es auf einen Versuch ankommen. Sie können diesen „Befreiungsakt" auch mit der Kamera festhalten. Sollten die negativen Erinnerungen wieder einmal auftauchen, schauen Sie sich diese Bilder an.

○ Die Selbtwertkasse: Wenn Sie während des Tages etwas schaffen, das Ihrem Selbstwert besonders zuträglich ist, werfen Sie z. B. eine 20-Cent-Münze in ein Sparschwein. Nach jedem Erfolgserlebnis füttern Sie es mit einer Münze. Ist es prall gefüllt, gönnen Sie sich vom Inhalt etwas Schönes. Genießen Sie dabei noch einmal ganz bewusst das Erreichte.

Bereichernde Gespräche

- Was macht für Sie ein gutes Gespräch aus?
- Wann fühlen Sie sich von Ihrem Gegenüber wirklich gehört?
- Wann haben Sie zuletzt jemandem mit voller Aufmerksamkeit zugehört?

Gute Gespräche durch achtsames Zuhören

Wir führen tagtäglich Gespräche – im privaten und beruflichen Bereich. Das Zuhören ist Teil eines Gesprächs. Und genau die Art und Weise, wie wir anderen Gehör schenken, kann entscheidend sein, wie sich Dialoge und Beziehungen entwickeln. Denn achtsames Zuhören stärkt das Vertrauensverhältnis und die Verbundenheit.

Zuhören, mit dem alleinigen Zweck, den Menschen wirklich zu verstehen. Also nicht, um gewohnheitsmäßig danach die eigene Ansicht kundzutun und (ungefragt) einen Ratschlag oder Tipp zu geben.

Gemäß einer Studie der Universität von Arizona haben glückliche Menschen häufiger tiefgründige Gespräche als unglückliche.

Die Art und Weise, wie wir Leuten zuhören, hinterlässt bei ihnen einen Eindruck. Dazu eine Überlieferung, die von einer Dame berichtet, die sich 1868 sowohl mit dem britischen Premierministerkandidaten Benjamin Disraeli als auch mit seinem Gegenkandidaten William Gladstone zum Dinner traf. Ihr Resümee fiel so aus:

„Nach dem Essen mit Mr. Gladstone dachte ich, ER sei die intelligenteste Person Englands. Nach dem Essen mit Mr. Disraeli dachte ich, ICH sei die intelligenteste Person Englands."

Mr. Gladstone hatte im Gespräch sich selbst in den Mittelpunkt gestellt, während Mr. Disraeli seiner Begleitung die volle Aufmerksamkeit zukommen ließ und ihr wertschätzend Gehör schenkte, was ihrem Selbstwertgefühl besonders gutgetan hat.

Schön, wenn sich Menschen in unserer Anwesenheit wohlfühlen oder nach einem Treffen mit uns besser als zuvor. Üben wir uns im aufmerksamen Zuhören!

Danke fürs Zuhören!

Ein älterer Mann saß im Park und genoss die ersten warmen Strahlen der Frühlingssonne. Eine schluchzende Frau näherte sich der Bank und setzte sich hin. Ihr Schluchzen ging in ein Weinen über, die Tränen kullerten ihr über das Gesicht.

Der Mann räusperte sich kurz. Erst jetzt schien ihn die Frau zu bemerken. Sie sah ihn mit geröteten Augen an, der Mann erwiderte ihren Blick mit einem sanften Lächeln. Nachdem sie eine Zeit lang nur so dasaßen, begann sie zu erzählen. Zunächst zögerlich, schüchtern, dann immer befreiter. Ihr Gegenüber hörte still zu, sah sie tröstlich an und nickte zwischendurch verständnisvoll.

Die Frau vertraute ihm ihr Schicksal an. Sie berichtete von dem Anruf, den sie vor wenigen Minuten erhalten hatte, und redete sich alles von der Seele. Der Mann fragte nicht ein einziges Mal nach, gab keine Ratschläge, sondern hörte ihr einfach nur zu.

Je länger die Frau sprach, desto mehr entspannten sich ihre Gesichtszüge. Ja, sogar etwas Erleichterung spiegelte sich in ihrer Mimik. Ihr Mund zeichnete ein vorsichtiges Lächeln. Nach ungefähr einer Viertelstunde blickte sie auf ihre Uhr und hatte es plötzlich eilig. Sie müsse noch zu einem Termin und sei schon spät

dran. Sie trocknete ihre Augen, hielt kurz inne, sah den Mann dankbar an, umarmte ihn sogar spontan und sagte mit gelöster Stimme: „Danke fürs Zuhören!"

Der Mann nickte und schenkte ihr ein freundliches Lächeln. Dann eilte die Frau davon.

Nachdem er noch eine ganze Weile auf der Bank gesessen und dem fröhlichen Vogelgezwitscher in den frischgrünen Bäumen gelauscht hatte, stand der stumme Mann auf und spazierte mit einem guten Gefühl weiter.

Die Kunst im Zuhören besteht darin,
das Gesagte zu fühlen und
das Ungesagte zu spüren.

ZEN-WEISHEIT

Blütezeiten-Impulse:

Es sind oft Kleinigkeiten, die ein Gespräch zu einem guten, wertvollen Austausch werden lassen:

○ Vielleicht wollen Sie ab heute richtiges Zuhören üben. Also nicht nur hin-, sondern tatsächlich interessiert zuhören. Gehen Sie mit einer positiven Einstellung ins Gespräch: Anstatt: „Ich höre zu, um dann meine Meinung kundzutun." besser so: „Ich hore zu, um zu versuchen, mein Gegenüber wirklich zu verstehen."
Sie werden die Erfahrung machen, dass sich achtsames, einfühlsames Zuhören auf Gespräche, aber ebenso auf Beziehungen bereits nach kurzer Zeit positiv auswirkt.

○ Geben Sie Ihren Gesprächspartnern die Chance, die Unterhaltung selbst zu lenken. Lassen Sie sie in ihrem eigenen Tempo erzählen, bis sie ausgesprochen haben – ohne sie zu unterbrechen. Auch dann nicht, wenn sie Ihrer Ansicht nach im Unrecht sind. Klären können Sie es, nachdem Ihr Gegenüber ausgesprochen hat.

○ Ein Austausch zwischen Tür und Angel wird sich kaum zu einem tiefen, bedeutsamen Dialog entwickeln. Deshalb: Sucht jemand das Gespräch mit Ihnen, nehmen Sie sich dafür Zeit. Pausieren Sie mit der aktuellen Tätigkeit. Wenden Sie sich der Person zu. Damit signalisieren Sie: „Du bist mir wichtig, ich nehme mir Zeit für dich."

○ Nehmen Sie Platz. „Komm, wir setzen uns hin." Mit dieser einladenden Aufforderung vermitteln Sie Ihrem Gegenüber Wertschätzung.

○ Wählen Sie ein angenehmes Ambiente, denn dort spricht es sich leichter – beispielsweise in ruhiger Atmosphäre bei einem belebenden Getränk, einem wärmenden Essen oder einem erfrischenden Spaziergang.

○ Handelt es sich um ein Konfliktgespräch, kann ein Perspektivwechsel zur Klärung beitragen. Versuchen Sie, die Sache aus der Sicht Ihres Gegenübers zu sehen, um dadurch seine Beweggründe nachzuvollziehen. Dann werden Sie eventuell feststellen, dass diese Person aus ihrer Warte durchaus recht hat. Es findet sich leichter ein Konsens. Halten Sie sich hierzu folgendes Bild vor Augen: Am Strand stehen sich zwei Personen gegenüber und betrachten eine in den Sand geschriebene Zahl. Die eine Person ist felsenfest überzeugt, dass es sich um eine 6 handelt, die andere dagegen beharrt auf einer 9.

Achtsamkeit & Aufmerksamkeit

- Sie wollen mehr Achtsamkeit in Ihr Leben bringen?
- Sie haben des Öfteren das Gefühl, in der Monotonie des Alltags sich selbst nicht mehr zu spüren?
- Wann haben Sie das letzte Mal Großartiges im Unauffälligen erkannt?

Achtsamkeit unterstützt uns dabei, das Leben, unsere Umwelt und uns selbst bewusster zu erfahren.

Das Konzept der Achtsamkeit kommt mittlerweile in medizinischen Bereichen, insbesondere in der Psychotherapie, zum Einsatz. Achtsamkeits- und Stressbewältigungstrainings werden von Krankenkassen empfohlen, größere Unternehmen bieten ihren Mitarbeitern Kurse zur „achtsamkeitsbasierten Stressreduktion" an.

Wahrnehmen, ohne zu werten

Aber was ist Achtsamkeit überhaupt? Sie ist nicht nur das Gegenteil von Multitasking. Achtsamkeit ist Aufmerksamkeit ohne Bewertung, also eine innere Haltung, in der wir das Hier und Jetzt wahrnehmen und annehmen, allerdings

- ohne das Wahrgenommene (z. B. Gedanken, Emotionen) in Gut und Schlecht zu unterteilen
- ohne es zu hinterfragen ("Warum fühle ich das genau jetzt? Warum tauchen diese Gedanken auf?")
- ohne es ändern zu wollen

Es geht somit primär um das wertfreie Beobachten des Augenblicks, der gegenwärtigen Außenwelt (z. B. das aktuell sichtbare, hörbare, riechbare, fühlbare Umfeld) oder der eigenen Innenwelt (Gedanken, Gefühle, Stimmung).

Es liegt an uns

Wenn wir achtsam und aufmerksam sind, werden wir auch in schmucklosen Dingen Faszinierendes und Schönes entdecken, uns selbst mehr spüren und unsere Umwelt bewusster erleben. Es liegt an uns, worauf wir unsere Sinne richten.

Hörst du die Grille?

Ein Mann vom Land besuchte seinen Freund in der Großstadt. Er war verwirrt vom vielen Lärm, von der Hektik und von der schlechten Luft.

Die beiden gingen die Straße entlang. Plötzlich blieb der Mann stehen und horchte auf. „Hörst du die Grille zirpen?", fragte er seinen Freund.

„Du musst dich täuschen, hier gibt es keine Grillen. Und selbst wenn, dann würde man sie bei diesem Lärm niemals hören."

Der Mann ging ein paar Schritte weiter und blieb vor einem mit Efeu bewachsenen Haus stehen. Er schob die Blätter sanft auseinander und fand die Grille.

„Ja, gut, du hast die Grille gehört. Dein Gehör ist ja auch noch besser als meines, da wir in der Stadt durch den ständigen Lärm schlechter hören", gab ihm sein Freund zu bedenken.

Der Mann schüttelte den Kopf: „Nein, mein Gehör ist nicht besser als das eines Stadtmenschen. Ich werde es dir beweisen."

Er griff in seine Tasche, holte eine Münze hervor und warf sie auf den Gehsteig. Sofort blieben mehrere Leute stehen und sahen sich um.

„Siehst du, mein Freund,
es liegt nicht am Gehör.
Es liegt am Fokus
unserer Aufmerksamkeit,
was wir wahrnehmen
und was nicht."

Nicht höher, schneller, weiter,
        sondern achtsamer, langsamer,
menschlicher.

(aus dem Buch ZEITBLÜTEN)

Blütezeiten-Impulse:

Zwei Anregungen, mit denen Sie täglich Momente der Achtsamkeit und Aufmerksamkeit erfahren:

○ Die Aufmerksamkeit fördern:
Sie können aus einem Kern oder einem Samen eine Pflanze ziehen:

Das kann wie in meinem Fall ein Avocadokern sein, den Sie zur Hälfte in die Erde stecken, an einem hellen, warmen Standort platzieren und stets feucht halten. Im Zimmer wird das Avocadobäumchen bei entsprechendem Schnitt auch nach etlichen Jahren nicht größer als 1,50 Meter. Oder Sie pflanzen Sonnenblumen-, Zitronen- oder Orangenkerne ein.

Die Pflege und das tägliche Beobachten, wie sich aus einem unscheinbaren Kern eine prächtige Pflanze entwickelt, ist ein wunderbarer Akt der Aufmerksamkeit. Ob zu Hause oder im Büro – der Blick auf das Sprießen der Pflanze schenkt im oft stressigen Alltag Momente der Freude und Entspannung.

Haben Sie den Film „Léon – Der Profi" gesehen? Dann kennen Sie die Szenen, in denen sich Léon mit großer Aufmerksamkeit und Liebe der täglichen Pflege seiner Topfpflanze widmet.

Üben Sie sich in Achtsamkeit. Saugen Sie mit allen Sinnen sämtliche unmittelbaren Eindrücke auf. Wie ein trockener Schwamm, der ins Wasser getaucht wird. Das gelingt Ihnen z. B. mit meiner Hand-Methode. Sie lässt sich jederzeit einsetzen, um den Moment bewusst wahrzunehmen. Dabei wird

Wahrnehmen,
annehmen,
wertfrei akzeptieren!

jedem Finger ein Sinneskanal und der Handinnenfläche der aktuelle Gedankengang zugeordnet. Der Handrücken dient als Erinnerung an die Wahrnehmung ohne Bewertung:

Wenn Sie sich in einer Wartesituation (in einer Schlange im Supermarkt, an einem Ticketschalter, im Patientenzimmer der Zahnarztpraxis) befinden, können Sie die Hand-Methode nutzen. Gehen Sie gedanklich die fünf Finger der Reihe nach durch und halten Sie jeweils kurz inne. Nehmen Sie wahr:

Der Daumen:
„Was höre ich? Welche und wie viele Geräusche, Klänge und Töne in unmittelbarer Nähe, welche in der Ferne? Welches ist das präsenteste, welches das leiseste?"

Der Zeigefinger:
„Was sehe ich, wenn ich nach unten, oben, zur Seite, geradeaus blicke? Was ist neu, was ist mir noch nie aufgefallen? Welche Farbe überwiegt in meinem Blickfeld?" Versetzen Sie sich in ein neugieriges Kind, das seine Umgebung staunend erkundet.

Der Mittelfinger:
„Was spüre ich in und an meinem Körper? Wie nehme ich die Umgebungstemperatur wahr? Wie fühle ich mich aktuell?"

Der Ringfinger:

„Was schmecke ich? Habe ich einen eher süßen, salzigen, bitteren oder sauren Geschmack im Mund?"

Der kleine Finger:

„Rieche ich etwas? Woher kommt der Geruch?"

Die Handinnenfläche:

„Wo war ich gerade mit meinen Gedanken? Bei einem vergangenen Erlebnis, bei einem Ereignis in der Zukunft, ganz woanders? Oder doch bei der aktuellen Tätigkeit?"

Der Handrücken:

Der Handrücken erinnert Sie daran, dass alles, was Sie in diesem Moment empfinden, ohne Bewertung erfolgen soll, gemäß dem Leitsatz: „Wahrnehmen, annehmen, wertfrei akzeptieren!"

Gute Gedanken

- Was beschäftigt Sie gedanklich aktuell am meisten?
- Welche (sich wiederholenden) Gefühle und Gedanken belasten Sie?
- Gab es Sorgen in Ihrem Leben, die Sie aufgerieben, sich letztlich aber als unbegründet herausgestellt haben?

Belastende Gedanken sind wie ein steter Tropfen, der den Stein der Lebensfreude aushöhlt. Sie kosten uns Energie und Entspannung – insbesondere dann, wenn sie überhandnehmen.

Unsere Furcht vor möglichen zukünftigen Ereignissen setzt uns oft erheblich zu. Eine Vielzahl dieser Befürchtungen tritt aber niemals ein. Ein älterer lieber Bekannter hat es einmal so ausgedrückt: „Rückblickend hätte ich mir oft einen Zeitsprung in die Zukunft gewünscht. Dann hätte ich gesehen, dass ich mir zu 99 % umsonst Sorgen gemacht habe und so manche unüberwindbar geglaubte Krisensituation gut ausgegangen ist. Ich wäre wohl viel gelassener durchs Leben gegangen."

Unsere Gedanken resultieren auch aus dem inneren Dialog, den wir permanent in unserem Kopf führen. Er hat große Wirkungskraft auf unser Wohlbefinden.

Beispiele: Sind wir verliebt und denken an den geliebten Menschen, verspüren wir Herzenswärme und ein Glücksgefühl. Kreisen die Gedanken hingegen ständig um ein zukünftiges herausforderndes Ereignis, können sie Angst auslösen und zu Schlafstörungen führen. Wenn wir zulassen, dass der innere Kritiker uns mit Vorwürfen und Selbstzweifeln geißelt, wird damit unser Selbstwertgefühl torpediert. Und richtet sich unser Gedankenfokus häufig auf vergangene belastende Vorfälle, kann das ungute Gefühle und negative körperliche Reaktionen zur Folge haben.

Mögliche Auslöser destruktiver Gedanken:

- schwierige Lebenssituationen (finanzielle Sorgen, Krankheiten, beruflicher Druck, konfliktbehaftete Beziehungen)

- innere Antreiber, resultierend aus Glaubenssätzen, die sich z. B. aus der Erziehung entwickelt haben („Du darfst keine Fehler machen!", „Du darfst keine Schwäche zeigen!"). Untersuchungen haben gezeigt, dass wir umso stärker zur Selbstkritik neigen, je mehr wir als Kinder kritisiert wurden.

- Überflutung mit unschönen Meldungen aus diversen Nach-richtenkanälen

Uns gehen täglich 60.000 bis 70.000 Gedanken durch den Kopf. Nun sind wir dieser Gedankenflut und den damit verbundenen Gefühlen aber nicht machtlos ausgeliefert.

Womit füttern Sie Ihre Wölfe?

*Ein alter Cherokee saß schon eine Weile mit seinem Enkelsohn
schweigend am Lagerfeuer. Dann begann er mit sanfter Stimme:
„In meinem Inneren kämpfen zwei Wölfe."
Der Junge blickte ihn neugierig an.
„Der schwarze ist der Wolf der Dunkelheit, der Angst, des
Neides, des Misstrauens und der Verzweiflung."*

Stille.

*Er fuhr fort:
„Der weiße Wolf ist jener des Lichtes, der Liebe, der Lebens-
freude und des Vertrauens."
„Und wer von beiden gewinnt?", wollte der Enkel wissen.*

*Der Großvater sah ihn an und sagte lächelnd: „Der, den
ich füttere!"*

Mit keinem anderen Menschen sprichst du
mehr als mit dir selbst in deinem Kopf.
Deshalb: Sei immer freundlich zu dir.

(aus dem Buch ZEITBLÜTEN)

Blütezeiten-Impulse:

Wählen Sie aus den folgenden Impulsen jene aus, die Sie ansprechen. Greifen Sie diese künftig auf, sobald sich der „Wolf der Dunkelheit" meldet:

◯ Belastende Gedanken und Gefühle werden immer wieder mal auftauchen. Das geht jedem so und ist völlig normal. Versuchen Sie, diese Gedanken nicht zu unterdrücken, sondern sie zuzulassen, sie zu akzeptieren. Dadurch gelingt es Ihnen leichter, sich von ihnen nicht überwältigen zu lassen. Sehen Sie sich mehr als Beobachter oder Beobachterin dieser Gedanken: „Aha, da seid ihr ja wieder ..."

◯ Was Ihnen helfen kann, wenn destruktive Selbstgespräche – nichts anderes sind diese sabotierenden Gedanken – Sie quälen: Sprechen Sie in solchen Situationen zu sich selbst wie ein guter Freund oder eine liebe Freundin, die Ihnen Mut machen. Üben Sie sich in Selbstmitgefühl.

◯ Reden tut gut. Aussprechen wirkt enorm befreiend. Wollen Sie über Ihre Sorgen nicht mit anderen reden, wählen Sie das Selbstgespräch, und zwar hörbar, nicht nur in Gedanken. Untersuchungen haben dessen Wirksamkeit bestätigt.

Laut einer Studie von Forschern der Universität von Michigan ist ein Selbstgespräch besonders wirkungsvoll, wenn Sie dabei von sich selbst namentlich und in der dritten Person sprechen. Beispiel: „Das ist eine große Herausforderung für [Ihr Vorname]. Aber [Ihr Vorname] schafft das!"

Bringen Sie Ihre belastenden Gedanken zu Papier. Dieser Schreibprozess wirkt reinigend. Die Gedanken und die damit verbundenen Gefühle werden dadurch zwar nicht verschwinden, aber sich auf ein erträglicheres Maß reduzieren, sodass sie sich besser verarbeiten lassen.

Zudem hat das Niederschreiben noch einen Vorzug: Sie gewinnen dabei Abstand und dadurch eine objektivere Sichtweise. Aus der neuen Perspektive zeigen sich häufig pragmatische Wege, die sonst verborgen geblieben wären.

○ Schieben Sie das Angehen von Problemen und Schwierigkeiten nicht auf die lange Bank. Versuchen Sie, zeitnah praktikable Lösungen oder zumindest Kompromisse zu finden. Denn kleine Probleme tendieren dazu, zu größeren heranzuwachsen, wodurch die Belastung immer mehr zunimmt.

○ Füttern Sie Ihren weißen Wolf, indem Sie möglichst viel von dem tun, was in Ihnen gute Gedanken und Emotionen auslöst: Zeit verbringen mit Menschen, die Ihnen wohlgesonnen sind, Ihren Fokus auf Schönes und Freudvolles richten, Tätigkeiten durchführen, die Ihre Stimmung heben.

Mut & Durchhaltevermögen

- Haben Sie mitunter den Eindruck, auf der Stelle zu treten und von allen überholt zu werden?
- Ringen Sie mit ungünstigen Umständen oder einem Schicksal und fühlen sich dadurch vom Leben benachteiligt?
- Vergleichen Sie sich häufig mit anderen, was in Ihnen Unzufriedenheit oder Neid aufkommen lässt?

Wir alle kennen Menschen, die offensichtlich auf die Butterseite des Lebens gefallen sind oder denen alles zu gelingen scheint.

Allerdings ist uns nur jene Seite von ihnen bekannt, die sie preisgeben und die uns präsentiert wird – bei öffentlichen Personen durch die Medien. Mit wie vielen Wachstumsschmerzen (Rückschlägen, Niederlagen, Phasen der Verzweiflung und des Verzichts) die meisten zu kämpfen hatten, um schließlich dorthin zu gelangen, wo sie heute stehen, können wir gar nicht wissen.

Die Wahrnehmung unseres eigenen Lebensweges findet oft nur selektiv statt: All seine Stolpersteine vergleichen wir mit der für uns sichtbaren Sonnenseite dieser Menschen. Genau das lässt uns dann schlechter abschneiden und führt unweigerlich zu den in den Eingangsfragen genannten unguten Gefühlen. Manch einer gibt angesichts dieser scheinbar offenkundigen Diskrepanz frühzeitig auf.

Anstatt ständig mit anderen zu wetteifern, könnten wir mehr danach trachten, den Vergleich mit uns selbst zu suchen, unser Augenmerk also auf unsere persönliche Entwicklung und unsere eigenen Fortschritte zu richten. Eine solche Gegenüberstellung fällt in der Regel weitaus annehmbarer aus.

Von heute auf morgen kann alles anders sein

Es gibt extreme Herausforderungen und Schicksale, mit denen Menschen konfrontiert werden können. Mit einem Schlag – ausgelöst durch ein einschneidendes Ereignis – sind Optimismus, Entspannung und Lebensfreude dann verpufft. Der Blick in die Zukunft wird von Aussichtslosigkeit getrübt, der Weg aus der verzweifelten Lage erscheint kaum zu bewältigen.

Studien haben gezeigt, dass Personen, die sich Positives erhoffen, Schicksalsschläge besser bewältigen und von Krankheiten schneller genesen als jene, denen dieser Glaube fehlt.

Für die wenigsten von uns ist das Leben immer unkompliziert, leicht und bequem. Es gibt Etappen, in denen wir nicht weiterkommen: ein Schritt vorwärts, drei Schritte zurück. Misserfolge, Enttäuschungen und Rückschläge sind Teil des Lebens.

Warum soll ich nicht aufgeben?

Eine Frau hatte ihren Job verloren, ihre Beziehung ging in die Brüche und sie wurde krank. Nichts von dem, was sie sich die Jahre zuvor so sehr gewünscht oder erträumt hatte, war in Erfüllung gegangen.

Sie hatte sich nach richtigen Freunden gesehnt, nach etwas Glück, nach finanzieller Sicherheit. Nach all dem, was andere Menschen in ihrem Umfeld offensichtlich besaßen.

Nun war der Punkt erreicht, an dem sie so nicht mehr weiterleben wollte. Aber bevor sie sich vollkommen aufgab, suchte sie einen alten, weisen Mann auf, der schon zahlreichen Menschen mit seinen Ratschlägen geholfen hatte. Sie sagte:

„Bitte nenne mir einen einzigen Grund, warum ich nicht aufgeben sollte."

Der Alte sah sie an, dann zeigte er auf seinen Garten und sprach:
„Siehst du den Bambus und den Farn? Die Samen beider Pflanzen habe ich am selben Tag in die Erde gegeben. Ich habe für ausreichend Wasser und Licht gesorgt, und bereits nach kurzer

Zeit wuchs der Farn aus dem Boden. Er gedieh prächtig. Vom Bambus war hingegen lange Zeit nichts zu sehen. Trotzdem verlor ich nicht die Hoffnung. Der Farn wuchs weiter wunderbar. Vom Bambus war auch im zweiten Jahr noch nichts zu sehen, was sehr ungewöhnlich war. Ich aber gab nicht auf und goss nicht nur den Farn weiter, sondern auch die Stelle, an der ich den Bambussamen in die Erde gepflanzt hatte.

Das dritte Jahr brach an. Der Farn wuchs und wuchs, doch kein Bambus. Ich gab nicht auf.

Im vierten Jahr das Gleiche. Aber ich verlor die Hoffnung nicht. Im sechsten Jahr brach schließlich ein kleiner, unscheinbarer Bambustrieb aus dem Boden. Ich hätte ihn fast übersehen. Schon nach wenigen Monaten hatte der Bambus die beachtliche Höhe von zehn Metern erreicht.

Sechs Jahre hat es also gedauert, bis die Pflanze ausreichend starke Wurzeln gebildet hatte und an die Oberfläche kam. Und dann ging es dafür ungeahnt schnell.

Wenn du nun auf deine vergangenen Jahre zurückblickst, in denen du keinen Erfolg hattest und nur gekämpft hast – in Wirklichkeit sind dir in dieser Zeit Wurzeln gewachsen. So wie dem Bambus. Gib nicht auf! Deine Zeit wird kommen.

Vergleiche dich nicht mit anderen, denn du hast deine eigene Bestimmung. Der Farn hat eine andere als der Bambus. Du wirst noch wachsen."

Da wollte die Frau wissen: „Wie hoch werde ich wachsen?"

Und der Weise fragte sie: „Wie hoch wächst der Bambus?"

„So hoch, wie es ihm möglich ist?", antwortete die Frau zaghaft.

„Genau. Hab Geduld, auch wenn dir das im Moment nicht leichtfällt. Gib dir einfach die Zeit, die du brauchst, und wachse auch du so hoch, wie es dir eben möglich ist. Es wartet noch viel Gutes auf dich."

Es wird der Tag kommen,
an dem du wieder fröhlich bist.

Blütezeiten-Impulse:

Befinden Sie sich in einer Lebensphase, in der Sie alles hinwerfen und aufgeben wollen? Dann finden Sie vielleicht im Folgenden einige hilfreiche Impulse:

○ Versuchen Sie, die mit der verzwickten Situation verbundenen schlechten Gefühle nicht zu unterdrücken, sondern diese zuzulassen und zu akzeptieren. Erlauben Sie sich, wütend, traurig, frustriert, energielos zu sein und zu weinen. Verletzlichkeit ist keine Schwäche!

Haben Sie Geduld mit sich selbst. Setzen Sie sich nicht mit Denkmustern wie „Ich muss …", „Ich darf nicht …" etc. zusätzlich unter Druck.

○ Die Folge der drückenden Last ist oft ein negatives Gedankenkarussell, das einen in eine Schockstarre versetzt. Aber auch Mut beginnt immer im Kopf! Um Ihre Aufmerksamkeit wieder in eine positive Bahn zu lenken, überlegen Sie sich einen Minischritt. Einer, der die derzeitige Lage oder den Blick in die Zukunft etwas bessert – und sei es nur ein kleines bisschen. Dann gehen Sie diesen Minischritt an.

○ Begeben Sie sich an Orte, an denen Sie sich wohlfühlen und Kraft schöpfen können. Der Aufenthalt an diesen Plätzen oder Bewegung unter freiem Himmel, in der Natur, hellen ihre Gedanken auf. Dadurch eröffnen sich Ihnen neue Aussichten, die in den eigenen vier Wänden kaum aufkommen mögen.

○ Geben Sie nicht gleich auf. Wie oft Sie auch hinfallen, bleiben Sie nicht liegen. Eines Tages werden Sie sich dann selbst dafür danken, dass Sie nicht kapituliert haben.

○ Stellen Sie sich vor, Ihre beste Freundin steht weinend vor Ihnen und erzählt Ihnen vom gleichen Problem, das Sie gerade quält. Wie würden Sie ihr Mut und Unterstützung zusprechen? Was würden Sie ihr raten? Schreiben Sie mit diesen Worten einen Mutmachbrief an sich selbst. Sie brauchen das Schreiben nicht gleich fertig auszuformulieren, sondern können es immer wieder mal zur Hand nehmen. Ergänzen und verfeinern Sie Ihren persönlichen Mutmachbrief. So lange, bis er für Sie stimmig und kraftvoll ist und Sie sich dabei gut fühlen, wenn Sie ihn laut vorlesen.

○ Umgeben Sie sich vermehrt mit Menschen, die Ihnen guttun, die Verständnis zeigen, die Sie aufbauen und unterstützen.

Gehen Sie auf Distanz zu jenen, die Sie „runterziehen" und dadurch Ihre Lage noch verschlimmern.

Es mag schwierig sein, sich einzugestehen, dass man aktuell allein nicht weiterweiß. Dennoch verhilft Ihnen genau diese Erkenntnis, Beistand zu suchen und diesen anzunehmen. Es gibt Situationen und Schwierigkeiten, die sich nur mit Unterstützung anderer Personen überwinden lassen. Das können liebe Menschen in Ihrem Umfeld sein, aber Sie sollten bei Bedarf auch professionelle Hilfe annehmen.

Machen Sie sich bewusst, dass man nie zu alt und dass es niemals zu spät für Veränderungen ist. Fassen Sie sich ein Herz und schlagen Sie einen neuen Weg ein, wenn Sie es möchten. Erlauben Sie sich, an einen guten Ausgang zu glauben. Das Beste kann erst noch kommen.

Wertvolle Beziehungen

- Wer war in schwierigen Zeiten für Sie da?
- Wann und vom wem fühlen Sie sich am meisten geliebt?
- Mit wem möchten Sie viel mehr Zeit verbringen?

Eine bereits über 75 Jahre währende Langzeitstudie der Harvard Universität (Grant-Studie) befasst sich mit den Fragen, was uns glücklich macht und was zu einem erfüllten Leben beiträgt.

Robert Waldinger – einer der Studienleiter und Direktor der „Harvard Study of Adult Development" – fasste die Kernerkenntnis im Rahmen eines Vortrags in einem einzigen Satz zusammen:

„Gute Beziehungen machen uns glücklicher und gesünder. Punkt!" Weitere Studien belegen den positiven Einfluss guter Beziehungen und sozialer Kontakte auf die physische Gesundheit und geistige Fitness bis ins hohe Alter.

Dabei kommt es weniger auf die Quantität als auf die Qualität der Verbindungen an.

Auf meiner ZEITBLÜTEN-Webseite habe ich eine Umfrage durchgeführt, an der über 50.000 Personen teilgenommen haben. Die Frage lautete:

Wie viele Menschen zählen Sie zu Ihren wahren Freunden? Die vier Antwortoptionen: mehr als 10 | 6–10 | 1–5 | keine

Das Ergebnis mag in dieser Eindeutigkeit doch überraschen: 76 % der Teilnehmer zählen max. 5 Personen zu ihren wahren Freunden. An zweiter Stelle (11 %) gereiht ist jene Gruppe, die keine Freunde hat. Dann folgen 9 % mit 6–10 Freunden und 4 % mit mehr als 10 Freunden.

Auch wenn wir unsere Freunde nur an einer Hand abzählen können, bereichern genau sie unser Leben erheblich.

Den Beziehungsakku aufladen

Beziehungen sind einem steten Wandel unterworfen, weil wir uns selbst und die Menschen um uns herum sich verändern. Das ist ganz natürlich. Dennoch können sich harmonische Beziehungen entwickeln, die ein Leben lang halten – ob zum Partner bzw. zur Partnerin, zu den Kindern, Verwandten, Kollegen oder Freunden. Hierzu ist allerdings unser persönliches Zutun erforderlich.

Jedes Wort der Zuneigung, jede wertschätzende Geste, jeder Vertrauensbeweis, jedes aufrichtige Kompliment und jede Unterstützung sowie gemeinsame Unternehmungen laden den Beziehungsakku auf. Und ja, da kann es dazugehören, dass wir uns gelegentlich aufraffen müssen zu etwas, worauf wir keine Lust oder eigentlich keine Zeit haben. Aber wir machen es trotzdem, weil uns dieser Mensch wichtig ist.

Vernachlässigungen, Verletzungen und Konflikte hingegen leeren den Beziehungsakku. Das kann dazu führen, dass die Verbindung nachhaltig gestört wird und letztlich in die Brüche geht.

Deshalb ist es umso wichtiger, gute Beziehungen wertzuschätzen und zu pflegen – und das nicht auf morgen zu verschieben.

Für einen besonderen Anlass

Ein Mann öffnete im Beisein seines besten Freundes die Kommodenschublade seiner Ehefrau und holte ein in Seidenpapier gehülltes Päckchen heraus. Schöne Ohrringe lagen darin. Er warf das Papier weg und betrachtete den edlen Schmuck.

„Die habe ich ihr gekauft, als wir zum ersten Mal in New York waren. Das ist acht oder neun Jahre her. Sie hat sie nie getragen. Sie wollte sie für eine besondere Gelegenheit aufbewahren. Jetzt scheint der richtige Moment dafür zu sein!"

Er näherte sich dem Bett und legte die Ohrringe zu den Kleidern, die vom Bestattungsinstitut mitgenommen werden sollten. Denn seine Frau war plötzlich verstorben. Als der Mann sich zu seinem Freund umdrehte, sagte er: „Bewahre nichts für einen besonderen Anlass auf! Jeder Tag, den du lebst, ist Anlass genug."

Der Freund dachte noch lange an diese Worte. Sie veränderten sein Leben. Fortan las er viel mehr als früher und putzte weniger. Er setzte sich öfter auf seine Terrasse und genoss die Landschaft, ohne auf das Unkraut im Garten zu achten. Er verbrachte mehr Zeit mit seiner Familie und seinen Freunden.

Er hatte begriffen, dass das Leben eine Sammlung von Erfahrungen ist, die es zu schätzen gilt. Er sagte sich:

„Von nun an bewahre ich nichts mehr auf. Ich benutze täglich meine Kristallgläser. Wenn mir danach ist, trage ich meine neue Jacke, und sei es nur, um damit in den Supermarkt zu gehen. Sätze, die anfangen mit ‚Eines Tages …' oder ‚Irgendwann mal werde ich …' verbanne ich aus meinem Vokabular.
Wenn es sich lohnt, will ich die Dinge hier und jetzt sehen, hören und machen. Ich bin mir nicht ganz sicher, was die Frau meines Freundes getan hätte, wenn sie gewusst hätte, dass sie morgen nicht mehr sein wird. Ich glaube, dass sie noch ihre Familie und engen Freunde angerufen hätte. Vielleicht hätte sie mit ein paar Personen telefoniert, um sich zu versöhnen oder sich für alte Streitigkeiten zu entschuldigen. Der Gedanke, dass sie vielleicht noch chinesisch essen gegangen wäre – ihre Lieblingsküche –, gefällt mir sehr.
Es sind diese kleinen unerledigten Dinge, die ich mit Blick auf die gezählten Tage bedauern würde. Schade fände ich es, gewisse Freunde nicht mehr gesehen zu haben, mit denen ich mich ‚irgendwann mal' in Verbindung setzen wollte.
Schade, nicht die Briefe geschrieben zu haben, die ich ‚irgendwann mal' schreiben wollte. Schade, meinen Nächsten nicht oft genug gesagt zu haben, wie sehr ich sie liebe.

Jetzt verschiebe ich nichts mehr, was Freude und Lächeln in unser Leben bringen könnte. Ich sage mir, dass jeder Tag etwas ganz Besonderes ist."

Man kann nie wissen, wie lang der
gemeinsame Weg noch ist. Deshalb sollte
man die Zeit nutzen und für
jeden Meter dankbar sein,
den man zusammen gehen kann.

Blütezeiten-Impulse:

Gute Beziehungen sind ein Geschenk. Es gilt, sie zu pflegen. Dazu einige Impulse:

○ Vertrauensvoll sein: Stabile Verbindungen basieren auf Vertrauen. Setzen Sie alles daran, dass Sie das in Sie gesetzte Vertrauen nicht enttäuschen oder missbrauchen.

○ Verlässlich sein: Stehen Sie zu Ihren Worten. Halten Sie sich an Vereinbarungen und Versprochenes.

○ Geben, nicht nur nehmen: Schlägt das Pendel überwiegend in eine Richtung aus, kann das schnell zu Unstimmigkeiten und Konflikten führen. Wird eine Person in der Beziehung aufgrund ihrer Gutwilligkeit häufig ausgenutzt, ist es für den Nehmenden eher eine Zweckgemeinschaft als eine gleichwertige Beziehung.

○ Mit herzlichen Gesten Wertschätzung ausdrücken: eine spontane Umarmung, ein liebes Wort, ein kleines Geschenk. Das muss nicht unbedingt etwas kosten: Selbstgebasteltes oder -gebackenes, ein selbst gepflückter Blumenstrauß, ein schön bemalter Stein … geben immer Anlass zur Freude.

○ Sich Zeit nehmen für Gespräche, für gemeinsame Unternehmungen, für genussvolles Beisammensein, für Unterstützung, für das Teilen von Freude und Trauer. Seien Sie da, wenn Sie gebraucht werden. Dadurch entsteht ein tiefes Vertrauensverhältnis.

○ Aus Gemeinschaftserlebnissen gewinnen Sie ein kostbares Destillat an schönen Erinnerungen, das Sie mit diesen Menschen oft ein Leben lang verbindet. Sei es ein gemeinsamer Ausflug, ein Konzert oder eine andere Unternehmung – all dies stärkt das Gefühl von Nähe.

○ Mit den heutigen Technologien lassen sich Beziehungen auch über große Entfernungen aufrechterhalten. Versenden Sie eine nette Nachricht zwischendurch, ein lustiges Video oder Bild, versehen mit ein paar persönlichen Worten. Auch mit dem Foto eines aktuellen Erlebnisses können Sie einen lieben Menschen auf der anderen Seite der Welt an Ihrem Leben teilhaben lassen.

Wem lassen Sie noch heute eine Geste der Wertschätzung oder eine liebe Botschaft zukommen? Vielleicht gleich jetzt?

Sinnfindung & Erfüllung

- Wie möchten Sie anderen gern in Erinnerung bleiben?
- Wann war es für Sie ein guter Tag?
- Was macht Sie so richtig zufrieden?

Es geht weniger darum, dauerhaft glücklich zu sein. Zumal Glück eher eine Momentaufnahme als ein Dauerzustand ist. Erstrebenswert ist Erfüllung und eine tiefe Zufriedenheit. Dieser Zustand tritt ein, wenn wir uns zugehörig und geliebt fühlen, wenn wir einen Sinn in unserem Sein und Tun erkennen. Daraus resultiert ein nachhaltig gutes Gefühl.

Die Frage nach dem Sinn des eigenen Lebens und das Fehlen von Antworten können zu einer Sinnkrise führen. Der innere Antrieb scheint verloren. Entspannung und Lebensfreude werden beträchtlich eingeschränkt.

Die Lebenssinnfrage geht oft mit einer aktuellen Problemsituation einher. Negative Ereignisse wie eine berufliche Krise, eine Krankheit, eine schmerzhafte Trennung oder fehlende Anerkennung – all das sind mögliche Gründe, um das eigene Leben aus einer kritischen Perspektive zu betrachten. Der Weg aus diesem tiefen Tal orientiert sich am Auslöser, etwa am Mangel an erfüllenden Aufgaben oder am Verlust des Gefühls, gebraucht zu werden. Es ist nie zu spät für einen lebensverändernden Entschluss oder dazu, sich einem sinnerfüllenden Aufgabenbereich zuzuwenden. Dabei muss es nicht unbedingt darum gehen, seine Berufung zu finden oder Außergewöhnliches zu schaffen – damit macht man sich nur selbst neuen Druck. Oft sind es die kleinen Taten, die unser eigenes Leben und das unserer Mitmenschen so sehr bereichern, dass sogar anstrengende Tage als erfüllend wahrgenommen werden. Und manchmal ergeben die Dinge erst in der Nachschau einen Sinn.

Eine erfüllende Aufgabe kann es sein, wesentlich dazu beizutragen, dass es lieben Menschen in unserem Umfeld besser geht als ohne unser Engagement – quasi, indem wir als „Kümmerer" agieren. Ein Vater in meinem Bekanntenkreis sagt: „Meine erfüllendste Aufgabe besteht darin, meinen Kindern Möglichkeiten zu bieten, die ich selbst nie hatte. Und alles dafür zu tun, dass sie zu großartigen, geerdeten Menschen heranwachsen. Das gibt meinem Leben Sinn."

Wenn unser Sein oder unser Tun für andere von Bedeutung ist, kann das ungemein befriedigend sein. Selbst dann, wenn dies nur in Bezug auf ein einziges Lebewesen der Fall sein sollte.

Seesterne retten

Es tobte ein furchtbarer Orkan, der das Meer aufwühlte. Riesige Wellen brachen sich ohrenbetäubend laut am Strand. Als der Sturm langsam nachließ, klarte der Himmel wieder auf.

Am Strand lagen unzählige Seesterne, die die Brandung herangespült hatte. Ein kleiner Junge lief am Strand entlang, nahm vorsichtig Seestern für Seestern in die Hand und warf sie zurück ins Meer.

Da kam ein Mann vorbei und sagte: „Du dummer Junge! Was du da machst, ist vollkommen sinnlos. Siehst du nicht, dass der ganze Strand voll von Seesternen ist? Die kannst du nie alle zurück ins Meer werfen! Was du da tust, ändert nicht das Geringste!"

Der Junge schaute den Mann überrascht an. Dann ging er zu dem nächsten Seestern, hob ihn behutsam auf und warf ihn zurück ins Meer. Den Mann ließ er wissen: „Für diesen hier wird es etwas ändern!"

Viele kleine Leute in vielen kleinen Orten,
die viele kleine Dinge tun,
können das Gesicht der großen Welt
verändern.

AFRIKANISCHE WEISHEIT

Blütezeiten-Impulse:

Dem Leben neuen Sinn geben – vielleicht finden Sie hierzu im Folgenden gangbare Wege, die eine erfüllende Wendung bewirken. Wofür immer Sie sich entscheiden – wenn es sich gut anfühlt, ist es das Richtige.

Die Beschäftigung mit der Frage nach dem Sinn des eigenen Lebens kann dabei helfen, sich selbst besser kennenzulernen. Eine Reflexionsfrage:

„Woran sollen sich die Menschen beim Gedanken an mich erinnern, was soll von mir bleiben?"

Die Antworten darauf liefern häufig tief greifende Erkenntnisse, die sich zukünftig auf Ihr tägliches Handeln, auf Entscheidungen und Ihren Umgang mit Menschen auswirken werden. Zudem können Sie damit Ideen für neue erfüllende Aufgabenbereiche gewinnen. Beantworten Sie diese Frage am besten schriftlich. Der Schreibprozess gewährt eine intensivere Auseinandersetzung. Ziehen Sie sich an einen Platz zurück, an dem Sie sich wohlfühlen und sich ungestört dieser elementaren Frage widmen können.

○ Eine weitere Chance, um erfüllende Aufgaben zu entdecken: Begeben Sie sich auf ungewohntes Terrain. Tun Sie etwas, das Sie noch nie gemacht haben. Daraus können sich inspirierende Wege, Begegnungen und Unternehmungen entwickeln, die dem Leben eine neue Richtung und Sinn schenken. Auch wenn Sie nicht sofort auf Herausragendes stoßen, so machen Sie mit Sicherheit wertvolle Erfahrungen, die Ihren Horizont erweitern.

○ Führen Sie sich Ihre Stärken vor Augen. Dann überlegen Sie, wie Sie damit im Rahmen Ihrer Möglichkeiten Sinnvolles und Bedeutungsvolles schaffen können. Tragen Sie dazu bei, dass sich für andere etwas vom Schlechten zum Guten wendet, kann das ungemein erfüllend sein. Vielleicht ist unter diesen Menschen ein „Seestern".

Es gibt zahlreiche regionale und internationale Organisationen, die sich über tatkräftige Unterstützung freuen, sei es das Engagement in einem örtlichen Verein, die Mithilfe auf einem Bergbauernhof, ein Ehrenamt als Lesepatin oder Lesepate in der Schule oder im Seniorenheim, die Teilnahme an Freiwilligenprojekten im Bereich Sozialarbeit, Tierschutz, Umweltschutz, Bildung, Medizin im In- oder Ausland. Womöglich entdecken Sie in einer dieser Tätigkeiten einen neuen Lebenssinn.

Oder Sie helfen anderen dabei, ihr angestrebtes Ziel zu erreichen, und finden darin Erfüllung – gemäß folgender Parabel:

Ein Mann wollte von einer weithin bekannten weisen Frau wissen: „Was soll ich tun, wenn ich den Berg erklommen habe? Wie geht es dann weiter?" Die kluge Frau antwortete ihm: „Dann steigst du wieder hinunter und hilfst anderen hinauf."

Passend dazu auch die klugen Worte des Publizisten und Moderators Roger Willemsen, der 2016 an Krebs verstorben ist: „Ich möchte Menschen glücklicher zurücklassen, als ich sie vorgefunden habe."

Einladung zu einer Wanderung

Abschließend möchte ich Sie noch zu einer gedanklichen Wanderung einladen. Der Weg setzt sich aus Elementen aller in diesem Buch vorgestellten Geschichten zusammen. Sollten Sie lieben Bekannten die eine oder andere weitererzählen wollen, bleiben Ihnen die Geschichten mit der folgenden Wanderung leichter in Erinnerung.

Begeben Sie sich nun in Gedanken an einen Ihrer Lieblingsorte, an dem Sie sich wohlfühlen und zur Ruhe kommen. Machen Sie es sich dort so richtig gemütlich und beginnen Sie zu träumen:

Mit einem kleinen Rucksack auf dem Rücken wandern Sie bei herrlichem Wetter auf einem Pfad durch *eine üppige Wiese mit roten Mohnblumen, gelbweißen Margeriten und tiefblauen Kornblumen.* Der Duft des Sommers steigt Ihnen in die Nase. Sie lassen sich auf das weiche Gras unter dem schattenspendenden grünen Schirm einer Eiche nieder. Ein warmer Luftzug streichelt Ihre Haut. Die Blätter rascheln leise. Ihr Blick wandert in die Weite der malerischen Landschaft. So verweilen Sie in der friedlichen Idylle.

Dann gewahren Sie in der Ferne *dunkle, bedrohliche Wolken*, die sich zügig nähern. Die leichte Brise wandelt sich in einen kühlen Wind, der immer kräftiger bläst. Die Äste ächzen. Die ersten Tropfen fallen vom Himmel, dann prasselt der Regen.

Heftiger Donner und grelle Blitze stimmen in die bedrohliche Kulisse ein. Sie halten Ausschau nach einem wetterfesten Unterschlupf. Völlig durchnässt entdecken Sie schließlich in einer nahe gelegenen Felsformation einen Höhleneingang. In der Höhle finden Sie eine alte Feuerstelle vor, *einen verbeulten Topf* und noch einiges an trockenem Geäst. Mit dem Streichholz gelingt Ihnen ein Feuer, dessen Helligkeit und Wärme sich in der Höhle ausbreitet. Draußen tobt weiter der Sturm.

Aus Wasser und Ihrem Proviant bereiten Sie *eine köstliche Suppe* zu. Sie wärmt Ihren Körper von innen, das knisternde Feuer von außen. Nun wirkt die Lage nicht mehr ganz so bedrohlich.

Plötzlich erschrecken Sie durch ein Geräusch und schauen in Richtung des Höhleneingangs. Im Widerschein der Flammen erkennen Sie *einen prächtigen weißen Wolf*, der Sie sanftmütig ansieht. Er kommt langsam auf Sie zu und legt sich zu Ihnen ans Feuer.

Noch etwas zaghaft reichen Sie dem schönen Tier den Rest Ihrer nahrhaften Suppe. Sie streichen ihm bedächtig über das weiche weiße Fell. Der Wolf gähnt genüsslich.

Draußen wütet mittlerweile ein mächtiger Orkan. Die wohlige Wärme des Feuers, der gesättigte Magen und das sanfte Tier neben sich lassen Sie schließlich doch einschlafen.

Am Morgen werden Sie von den Sonnenstrahlen geweckt, die in die Höhle dringen. *Der Sturm ist vorüber.*

Sie sehen sich um und erblicken den weißen Wolf am Höhleneingang. Er schaut ins Freie, dann dreht er sich zu Ihnen um. Nach einer stillen Verabschiedung entschwindet er in die Helle des Tages.

Etwas wehmütig raffen Sie sich auf. Nachdem Sie ein Stück des Weges zurückgelegt haben, vernehmen Sie ein Meeresrauschen. Sie gelangen zu einem traumhaften Strand. Spielende Wellen zeichnen weiche Formen in den weißen Sand. Die Sonne bringt die Meeresoberfläche zum Glitzern. Frische Meeresluft.

Sie ziehen die Schuhe aus und spüren den warmen, feinen Sand zwischen den Zehen. Sie erreichen eine Stelle, wo die Strömung ein Mosaik an farbigen, kleinen Muscheln zusammengetragen hat. *Sie sammeln eine Handvoll davon ein und füllen sie in Ihre linke Hosentasche.*

Einige Schritte weiter liegt unversehens *ein wunderschöner, leuchtender Seestern*, der vom Sturm offensichtlich an Land gespült wurde. Sie heben ihn behutsam auf und tragen ihn *zurück ins Wasser*, wo er mit sanften Bewegungen im klaren Türkis davongleitet.

Sie ziehen die Schuhe wieder an und folgen einem Pfad. Von einer Anhöhe aus sehen Sie, dass der Weg in ein Örtchen führt. Ein reizvolles Ziel.

Kurz vor dem Dorf sitzt *ein alter Mann auf einer Bank* und winkt Ihnen freundlich zu. Sie erwidern seinen Gruß mit einem warmherzigen Lächeln, greifen nach einer Muschel und geben sie *von der linken in die rechte Hosentasche.*

Der mit hellem Kopfsteinpflaster gelegte Weg wird gesäumt von bunt bemalten Häusern und führt in die Ortsmitte. Dort mündet er in einen Park mit einem Brunnen, an dem ein tönerner Krug lehnt. Sie füllen ihn mit dem klaren Nass des Brunnens und stillen Ihren Durst.

Je länger Sie so verweilen und den *Krug halten*, desto schwerer wirkt er. Sie stellen ihn an seinen Platz zurück. Die Arme werden wieder leicht und entspannen sich.

Beim *Blick in den Brunnen* nehmen Sie ein Funkeln wahr. Erst als das Wasser nach dem Schöpfen wieder zur Ruhe gekommen ist, erkennen Sie auf dem Grund *einen Ring.*

Mit Mühe und Geschick erlangen Sie schließlich den Ring. Er passt auf *Ihren kleinen Finger*. Sie bestaunen das Schmuckstück, sind fasziniert von dessen filigranen Verzierungen. Welchen Wert er wohl haben mag? Für Sie ist er jedenfalls *kostbar*.

Nun nehmen Sie auf einer Bank neben dem Brunnen Platz. Eine ältere Frau gesellt sich zu Ihnen. Sie kommen ins Gespräch. Die Frau beginnt, aus ihrem Leben zu erzählen. Von den Schwierigkeiten und Nöten, aber auch von den vielen wunderbaren Ereignissen, von den Blütezeiten und wie zufrieden sie sich heute fühle. *Sie hören ihr achtsam zu.*

Nach einer Weile steht sie auf. Sie wolle sich noch mit Freundinnen in ihrem Stammcafé treffen, müsse einige Besorgungen auf dem nahe gelegenen Markt bei den Standbesitzern machen, zu denen sie *ein freundschaftliches Verhältnis* pflege. Und dann müsse sie in einer Angelegenheit ins Rathaus, in dem ihre Enkelin arbeitet. Die Frau bedankt sich bei Ihnen herzlich und lässt Sie wissen, wie gut es ihr getan hat, dass Sie ihr so aufmerksam zugehört haben. Erneut wandert eine kleine Muschel von der linken in Ihre rechte Hosentasche.

Nachdem Sie eine Zeit lang die Sonne genossen haben, entschließen Sie sich, den von der Frau erwähnten Markt aufzusuchen. Sie schlendern durch den Park, hören das fröhliche Lachen spielender Kinder, das vielstimmige Vogelgezwitscher. Und *das Zirpen einer Grille*. Neugierig gehen Sie dem Grillenzirpen nach. Es scheint aus dem *Farn* zu kommen, der um einen beeindruckenden, mächtigen *Bambus* wächst. Sie schieben die Farnblätter vorsichtig auseinander und erblicken die Grille. Diese freudige Entdeckung nehmen Sie zum Anlass, eine weitere Muschel in die rechte Hosentasche zu geben.

Sie setzen den Weg fort und erreichen schließlich den bunten Markt. Ein Stand mit selbstgefertigten Waren hebt sich von den anderen ab.

Eine kleine Schatulle hat es Ihnen besonders angetan, daneben ein zusammengerolltes *weißes Blatt Papier,* mit einer Schleife versehen. Sie lassen sich beides zeigen. Der freundliche Verkäufer teilt Ihnen mit, dass er Ihnen die Papierrolle zu einem vergünstigten Preis überlassen kann, da sich mitten auf dem Blatt ein kleiner, schwarzer Tintenklecks befände. Sie betrachten das weiße Blatt und sind von der edlen Qualität des Papiers begeistert. Sie lassen den Käufer wissen, dass für Sie *der schwarze Punkt* nicht die großartige Güte des Papiers schmälert. Er falle ohnehin kaum auf und störe wohl nur, wenn man seine Aufmerksamkeit ausschließlich darauf richte.

Sie erstehen das Blatt und die Schatulle. Weil Sie dem Verkäufer erzählen, dass Sie beides für ein Geschenk an einen Lieblingsmenschen verwenden, gibt er Ihnen noch *ein feines Seidenpapier* zum Einpacken dazu. Sie bedanken sich und …

… erwachen aus Ihrem Traum, entspannt und voller Lebensfreude, erfüllt von einem Gefühl tiefen Vertrauens: Auf schwierige Phasen folgen wieder Blütezeiten. Alles fügt sich!

Ihr

Burkhard

Burkhard Heidenberger

© Verlag Herder GmbH, Freiburg im Breisgau 2022
Alle Rechte vorbehalten
www.herder.de

Umschlagkonzeption: Verlag Herder
Umschlagmotiv: © Andrey tiyk/shutterstock.com
Gesamtgestaltung und Satz: Gestaltungssaal, Sabine Hanel, Rohrdorf,
unter Verwendung der Illustrationen von Anastasia Lembrik, Anna Kasyanova, Gannie,
kuroksta, Lemaris, Marina Malades, Nikiparonak, olies, Ponomarchuk Olga,
Shiz-z-zofreniya, Sundra/shutterstock.com

Herstellung: Graspo, Zlín
Gedruckt auf umweltfreundlichem, chlorfrei gebleichtem Papier
Printed in the Czech Republic

ISBN 978-3-451-03331-5